HERMANN SEITZ
RECHTSANWALT

Grundlagen der betriebswirtschaftlichen Steuerlehre

Übersichtsdarstellungen

Von
Prof. Dr. F. W. Selchert
Justus-Liebig-Universität Gießen

R. Oldenbourg Verlag München Wien

CIP-Kurztitelaufnahme der Deutschen Bibliothek

Selchert, Friedrich W.:
Grundlagen der betriebswirtschaftlichen
Steuerlehre : Übersichtsdarst. / von F. W.
Selchert. – München ; Wien : Oldenbourg, 1984. –
ISBN 3-486-28501-7

Gesamtherstellung: R. Oldenbourg Graphische Betriebe GmbH, München

ISBN 3-486-28501-7

Vorwort

Die rechtlichen Grundlagen der Betriebswirtschaftlichen Steuerlehre zeichnen sich durch eine Vielzahl von Einzelbestimmungen
aus. Für die Studierenden an Universitäten, Fachhochschulen, Se-
minaren u. ä. resultiert hieraus, daß sie sich in die Einzelregelungen einarbeiten und einen fundierten Überblick gewinnen
müssen. Sie sind der Gefahr ausgesetzt, über die Details das
Verständnis für Zusammenhänge zu verlieren, das sich jeder Stu-
dierende nur selbst erarbeiten kann.

Die in Verbindung mit einer Vorlesung entworfenen Übersichtsdarstellungen sollen helfen, die Einarbeitung in die Materie zu
erleichtern. Sie können das Arbeiten mit einem fundierten Lehr-
buch nicht ersetzen. Sie haben vielmehr die Funktion einer Vor-
lesungsmitschrift:

- Zusammentragen wesentlicher Feststellungen, die der Begründung und Vertiefung bedürfen;
- Systematisierung von gesetzlichen Einzelregelungen, um
  einen Überblick zu gewinnen;
- Kompakte Unterlage für zielstrebiges Lernen.

Nicht wissenschaftlicher Anspruch, sondern die Eignung als Lern-
hilfe gab beim Entstehen der Übersichtsdarstellungen den Aus-
schlag.

Gießen, März 1984   F.W. Selchert

Erklärung der Abkürzungen

Abs.	Absatz
Abschn.	Abschnitt
AfA	Absetzung für Abnutzung
AfaA	Absetzung für außergewöhnliche technische oder wirtschaftliche Abnutzung
AfS	Absetzung für Substanzverringerung
AG	Aktiengesellschaft
AK	Anschaffungskosten
AO	Abgabenordnung
Art.	Artikel
AStG	Außensteuergesetz
Aufl.	Auflage
Bd.	Band
BdF	Bundesminister der Finanzen
Berlin FG	Berlinförderungsgesetz
BewG	Bewertungsgesetz
BewRGr	Richtlinien für die Bewertung des Grundvermögens
BFH	Bundesfinanzhof
BGB	Bürgerliches Gesetzbuch
D-StS	Durchschnittsteuersatz
EG	Europäische Gemeinschaften
Einzelvera	Einzelveranlagung
EK	verwendbares Eigenkapital
ErbSt	Erbschaftsteuer
ErbStG	Erbschaftsteuer- und Schenkungsteuergesetz
ESt	Einkommensteuer
EStDV	Einkommensteuer-Durchführungsverordnung
EStG	Einkommensteuergesetz
EStR	Einkommensteuerrichtlinien
EZ	Erhebungszeitraum
FG	Finanzgericht
FGO	Finanzgerichtsordnung
FVG	Gesetz über die Finanzverwaltung

GbR	Gesellschaft des bürgerlichen Rechts
GG	Grundgesetz für die Bundesrepublik Deutschland
GewESt	Gewerbeertragsteuer
GewKSt	Gewerbekapitalsteuer
GewStDV	Gewerbesteuer-Durchführungsverordnung
GewStG	Gewerbesteuergesetz
GewStR	Gewerbesteuerrichtlinien
GmbH	Gesellschaft mit beschränkter Haftung
GNOFÄ	Grundsätze zur Neuorganisation der Finanzämter und zur Neuordnung des Besteuerungsverfahrens vom 4.3.1981
GoB	Grundsätze ordnungsmäßiger Buchführung und Bilanzierung
GrESt	Grunderwerbsteuer
GrEStG	Grunderwerbsteuergesetz
GrSt	Grundsteuer
GrStG	Grundsteuergesetz
G-StS	Grenzsteuersatz
HK	Herstellungskosten
KapESt	Kapitalertragsteuer
KfzSt	Kraftfahrzeugsteuer
KG	Kommanditgesellschaft
KGaA	Kommanditgesellschaft auf Aktien
KraftStG	Kraftfahrzeugsteuergesetz
KSt	Körperschaftsteuer
KStG	Körperschaftsteuergesetz
KStR	Körperschaftsteuerrichtlinien
KVStG	Kapitalverkehrsteuergesetz
KVStDV	Kapitalverkehrsteuer-Durchführungsverordnung
LSt	Lohnsteuer
LStDV	Lohnsteuer-Durchführungsverordnung
LStR	Lohnsteuerrichtlinien
MGP	Maßgeblichkeitsprinzip
Mio	Millionen
MinöStG	Mineralölsteuergesetz

Mrd	Milliarden
MWSt	Mehrwertsteuer
OHG	Offene Handelsgesellschaft
p.a.	per anno
StB	Steuerbelastung
UmwStG	Gesetz über steuerliche Maßnahmen bei Änderung
	der Unternehmungsform (Umwandlungsteuergesetz)
USt	Umsatzsteuer
UStDV	Umsatzsteuer-Durchführungsverordnung
UStG	Umsatzsteuergesetz
VersStG	Versicherungsteuergesetz
VSt	Vermögensteuer
VStG	Vermögensteuergesetz
VStR	Vermögensteuerrichtlinien
WSt	Wechselsteuer
WStG	Wechselsteuergesetz
WStDV	Wechselsteuer-Durchführungsverordnung
Ziff.	Ziffer

Gegenstand:

Die Besteuerung

1. der Unternehmung und

2. ihrer Gesellschafter

Aufgaben:

1. Feststellung der in der Unternehmung und bei ihren Gesellschaftern anfallenden Steuerarten,

2. Erklärung der Bestimmungsfaktoren der Höhe der Steuerbelastung,

3. Ermittlung zielentsprechender Verhaltensregeln, die keine immanenten Widersprüche aufweisen,

4. Mitwirkung bei der Gestaltung des Steuerrechts.

Definition der Steuern gem. § 3 Abs. 1 AO:

"Steuern sind Geldleistungen, die nicht eine Gegenleistung für eine besondere Leistung darstellen und von
einem öffentlich-rechtlichen Gemeinwesen zur Erzielung
von Einnahmen allen auferlegt werden, bei denen der
Tatbestand zutrifft, an den das Gesetz die Leistungspflicht knüpft; die Erzielung von Einnahmen kann Nebenzweck sein. Zölle und Abschöpfungen sind Steuern im
Sinne dieses Gesetzes."

Merkmale der Steuern:

1. Steuern sind Geldleistungen.
2. Steuern dürfen keine Gegenleistung sein.
3. Steuern müssen von einem öffentlich-rechtlichen Gemeinwesen erhoben werden.
4. Steuern müssen der Erzielung von Einnahmen dienen.
5. Steuern müssen auferlegt sein.
6. Steuern müssen bei allen erhoben werden, bei denen
   der Tatbestand zutrifft, an den das Gesetz die
   Leistungspflicht knüpft.

BETRIEBSWIRTSCHAFTLICHE GEGEBENHEITEN ALS ANSATZPUNKT FÜR DIE BESTEUERUNG

1. Besteuerung der Unternehmungsmittel
   11. Besteuerung der *Mittelbeschaffung*
       111. Beteiligungsfinanzierung (Gesellschaftsteuer)
       112. Wechselfinanzierung (Wechselsteuer)
       113. Grunderwerb (Grunderwerbsteuer, GrESt)
       114. Import (Zölle, Einfuhrumsatzsteuer)

   12. Besteuerung des *Mittelbestandes*
       121. Bestand an Eigenkapital (Vermögensteuer, VSt)
       122. Bestand an Gewerbekapital (Gewerbekapitalsteuer, GewKSt)
       123. Bestand an Grundstücken (Grundsteuer, GrSt)

   13. Besteuerung des *Mitteleinsatzes*
       131. Einsatz von Kraftfahrzeugen (Kraftfahrzeugsteuer, KfzSt)
       132. Einsatz von Arbeitskräften (Lohnsteuer, LSt)

2. Besteuerung der Unternehmungsleistungen
   21. *Allgemeine* Besteuerung der Unternehmungsleistungen
       (Umsatzsteuer, USt)

   22. *Spezielle* Besteuerung der Unternehmungsleistungen
       221. Weitergabe von Wertpapieren (Börsenumsatzsteuer)
       222. Weitergabe von Verbrauchsgütern (Mineralölsteuer, Branntweinsteuer u.a. Verbrauchsteuern)
       223. Gewährung von Versicherungsschutz (Versicherungsteuer)

3. Besteuerung des Unternehmungsergebnisses
   31. Besteuerung des *Ergebnisbestands*
       311. Besteuerung des Einkommens (Einkommensteuer, ESt Körperschaftsteuer, KSt)
       312. Besteuerung des Gewerbeertrags (Gewerbeertragsteuer, GewESt)
   32. Besteuerung der *Ergebnisausschüttung* (Kapitalertragsteuer, KapESt)

4. Besteuerung der Vermögensübertragung
   (Erbschaftsteuer, Schenkungsteuer)

ORDNUNG DER STEUERARTEN NACH STEUERRECHTLICHEN
UND VERWALTUNGSTECHNISCHEN KRITERIEN

Finanzämter

1. *Besitzsteuern*

    11. *Personensteuern* (Subjektsteuern)

       111. Steuern vom Einkommen (Einkommensteuer, Körperschaftsteuer)

       112. Steuern vom Vermögen (Vermögensteuer)

    12. *Realsteuern* (Objektsteuern)

       121. Steuern des Gewerbebetriebs

          (Gewerbesteuer = Gewerbeertrag- und Gewerbekapitalsteuer)

       122. Steuern auf den Grundbesitz (Grundsteuer)

2. *Verkehrsteuern*

    (Umsatzsteuer, Gesellschaftsteuer, Börsenumsatzsteuer usw.)

Hauptzollämter

1. *Verbrauchsteuern*

    (Mineralölsteuer, Kaffeesteuer usw.)

2. *Zölle*

ORDNUNG DER STEUERARTEN NACH DER ERTRAGSHOHEIT (STEUERGLÄUBIGER)
UND KASSENMÄSSIGE STEUEREINNAHMEN

Bundessteuern (einschl. EG-Anteile)	Kassenmäßige Steuereinnahmen in Mrd DM			in % der Gesamtsteuereinnahmen		
	1975	1981	1982	1975	1981	1982
Gesellschaftsteuer	0,2	0,2	0,3	0,1	0,1	0,1
Börsenumsatzsteuer	0,1	0,2	0,1	0,0	0,1	0,1
Versicherungsteuer	1,1	1,9	2,0	0,5	0,5	0,5
Wechselsteuer	0,2	0,4	0,4	0,1	0,1	0,1
Zölle und Verbrauchsteuern (ohne Biersteuer)	34,3	45,3	46,6	14,2	12,2	12,3
- Zölle	(3,3)	(4,9)	(4,7)	(1,4)	(1,3)	(1,2)
- Tabaksteuer	(8,9)	(11,3)	(12,2)	(3,7)	(3,1)	(3,2)
- Branntweinabgaben	(3,1)	(4,5)	(4,3)	(1,3)	(1,2)	(1,1)
- Mineralölsteuer	(17,1)	(22,2)	(22,8)	(7,1)	(6,0)	(6,0)
- Sonstige Verbrauchsteuern	(2,0)	(2,4)	(0,1)	(0,8)	(0,6)	(0,0)
Sonstige Bundessteuern	(0,7)	(0,0)	(0,0)	(0,3)	(0,0)	(0,0)
	36,8	48,0	49,6	15,3	13,0	13,1
Landessteuern						
Vermögensteuer	3,3	4,7	5,0	1,4	1,3	1,3
Erbschaftsteuer	0,5	1,1	1,3	0,2	0,3	0,3
Grunderwerbsteuer	0,7	1,1	1,0	0,3	0,3	0,3
Kraftfahrzeugsteuer	5,3	6,6	6,7	2,2	1,8	1,8
Rennwett- und Lotteriesteuer	0,8	1,3	1,4	0,3	0,3	0,4
Biersteuer	1,3	1,3	1,3	0,5	0,3	0,3
Sonstige Landessteuern	0,2	0,3	0,3	0,1	0,1	0,1
	12,1	16,4	17,0	5,0	4,4	4,5
Gemeindesteuern						
Grundsteuer	4,1	6,0	6,3	1,7	1,6	1,7
Gewerbesteuer	17,9	26,0	26,1	7,4	7,0	6,9
Lohnsummensteuer	3,0	0,0	0,0	1,2	0,0	0,0
Zuschlag zur Grunderwerbsteuer	0,5	1,4	1,4	0,3	0,4	0,4
Sonstige Steuern	0,5	0,4	0,4	0,2	0,1	0,1
	26,3	33,8	34,2	11,0	9,1	9,1
Gemeinschaftsteuern						
Lohnsteuer	71,2	116,6	123,4	29,5	31,5	32,6
Veranlagte Einkommensteuer	28,0	32,9	30,6	11,6	8,9	8,1
Kapitalertragsteuer	2,2	4,6	4,7	0,9	1,2	1,2
Körperschaftsteuer	10,1	20,2	21,5	4,1	5,5	5,6
Umsatzsteuer	35,7	54,3	53,7	14,8	14,7	14,2
Einfuhrumsatzsteuer	18,4	43,5	44,0	7,6	11,7	11,6
	165,6	272,1	277,9	68,7	73,5	73,3
Steuereinnahmen insgesamt	240,8	370,3	378,7	100,0	100,0	100,0

Quelle: Statistisches Bundesamt: Finanzen und Steuern, Fachserie 14,
Reihe 4, Steuerhaushalt 1982

A 5

VEREINFACHTE ORDNUNG DER STEUERARTEN NACH BETRIEBSWIRTSCHAFTLICH WICHTIGEN MERKMALEN

1. Ergebnisbesteuerung (Ertragsteuern)

    11. Einkommensteuer

        111. Veranlagte Einkommensteuer

        112. Lohnsteuer

        113. Kapitalertragsteuer

    12. Körperschaftsteuer

    13. Gewerbeertragsteuer

2. Besteuerung von Verkehrsvorgängen (Verkehrsteuern)

    21. Umsatzsteuer

    22. Kapitalverkehrsteuern (Gesellschaftsteuer, Börsenumsatzsteuer)

    23. Sonstige Verkehrsteuern (Wechselsteuer, Grunderwerbsteuer)

3. Bestandsbesteuerung (Substanzsteuern)

    31. Vermögensteuer

    32. Gewerbekapitalsteuer

    33. Grundsteuer

4. Verbrauchsbesteuerung (Verbrauchsteuern)

1. Steuern spezieller Wirtschaftszweige

    11. Versicherungsteuer

    12. Rennwett- und Lotteriesteuer

    13. Mineralölsteuer u.a. Verbrauchsteuern

2. Steuern aufgrund der Vermögensübertragung

    21. Erbschaftsteuer

    22. Schenkungsteuer

3. Zölle

4. Private Steuern der Gesellschafter

    41. Kirchensteuer

    42. Hundesteuer

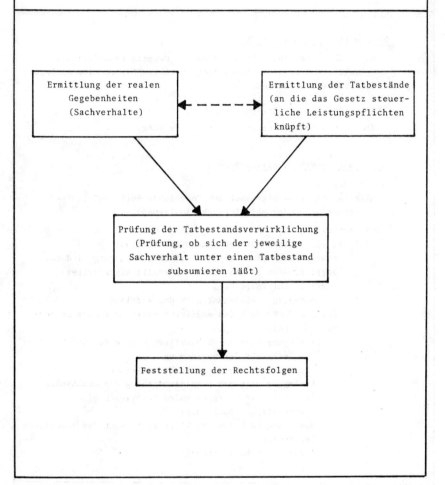

PHASEN DER GESETZESANWENDUNG

Ermittlung der realen
Gegebenheiten
(Sachverhalte)

Ermittlung der Tatbestände
(an die das Gesetz steuerliche Leistungspflichten
knüpft)

Prüfung der Tatbestandsverwirklichung
(Prüfung, ob sich der jeweilige
Sachverhalt unter einen Tatbestand
subsumieren läßt)

Feststellung der Rechtsfolgen

A 8

Notwendigkeit der Auslegung:

- Wegen des hohen Abstraktiongrades der Gesetze erfordert der
  gedankliche Prozeß der Subsumtion in vielen Fällen eine Auslegung
  der Steuerrechtsnormen.

Grenze des Auslegungsrahmens:

- die im Grundgesetz niedergelegte Verfassung

Auslegung innerhalb dieses Rahmens:

a) Grundsatz:
   Die Auslegung erfolgt nach dem "möglichen Wortsinn"
   (grammatische oder philologische Auslegung).

b) Ausnahmen:
   (1) bei eindeutiger Auslegung nach dem Wortlaut
       - Abweichungen von der philologischen Auslegung sind nur
         möglich, wenn der Wortlaut ein völlig sinnwidriges
         Ergebnis zur Folge hat.
   (2) bei mehrdeutiger Auslegung nach dem Wortlaut
       - Bei der Suche nach dem möglichen Wortsinn können mehrere
         Methoden helfen:
         (a) Auslegung nach dem subjektiven Willen des Gesetzgebers
             zum Zeitpunkt der Normgebung
             (historische oder genetische Auslegung)
         (b) Auslegung nach dem Sinnzusammenhang der Rechtsnorm
             innerhalb der übergreifenden Rechtsordnung
             (systematische Auslegung)
         (c) Auslegung nach dem objektivierten Zweck der jeweiligen
             Rechtsnorm
             (teleologische Auslegung)

A 9

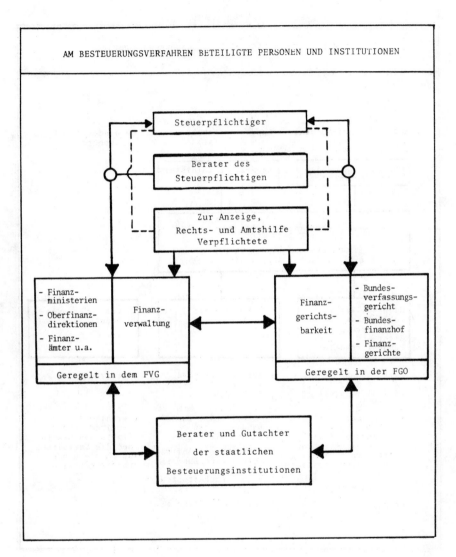

AM BESTEUERUNGSVERFAHREN BETEILIGTE PERSONEN UND INSTITUTIONEN

Steuerpflichtiger

Berater des
Steuerpflichtigen

Zur Anzeige,
Rechts- und Amtshilfe
Verpflichtete

- Finanz-
  ministerien
- Oberfinanz-
  direktionen
- Finanz-
  ämter u.a.

Finanz-
verwaltung

Geregelt in dem FVG

Finanz-
gerichts-
barkeit

- Bundes-
  verfassungs-
  gericht
- Bundes-
  finanzhof
- Finanz-
  gerichte

Geregelt in der FGO

Berater und Gutachter
der staatlichen
Besteuerungsinstitutionen

A 10

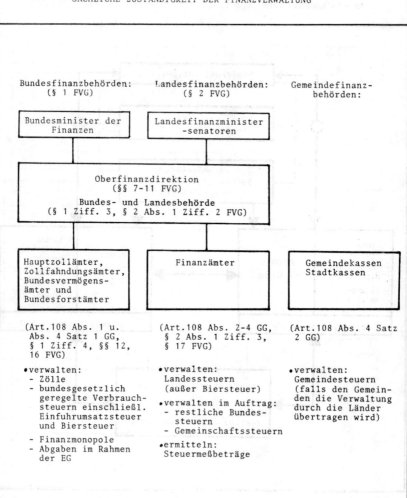

SACHLICHE ZUSTÄNDIGKEIT DER FINANZVERWALTUNG

Bundesfinanzbehörden:
(§ 1 FVG)

Landesfinanzbehörden:
(§ 2 FVG)

Gemeindefinanz-
behörden:

Bundesminister der
Finanzen

Landesfinanzminister
-senatoren

Oberfinanzdirektion
(§§ 7-11 FVG)
Bundes- und Landesbehörde
(§ 1 Ziff. 3, § 2 Abs. 1 Ziff. 2 FVG)

Hauptzollämter,
Zollfahndungsämter,
Bundesvermögens-
ämter und
Bundesforstämter

Finanzämter

Gemeindekassen
Stadtkassen

(Art.108 Abs. 1 u.
Abs. 4 Satz 1 GG,
§ 1 Ziff. 4, §§ 12,
16 FVG)

•verwalten:
- Zölle
- bundesgesetzlich
geregelte Verbrauch-
steuern einschließl.
Einfuhrumsatzsteuer
und Biersteuer

- Finanzmonopole
- Abgaben im Rahmen
der EG

(Art.108 Abs. 2-4 GG,
§ 2 Abs. 1 Ziff. 3,
§ 17 FVG)

•verwalten:
Landessteuern
(außer Biersteuer)

•verwalten im Auftrag:
- restliche Bundes-
steuern
- Gemeinschaftssteuern

•ermitteln:
Steuermeßbeträge

(Art.108 Abs. 4 Satz
2 GG)

•verwalten:
Gemeindesteuern
(falls den Gemein-
den die Verwaltung
durch die Länder
übertragen wird)

A 11

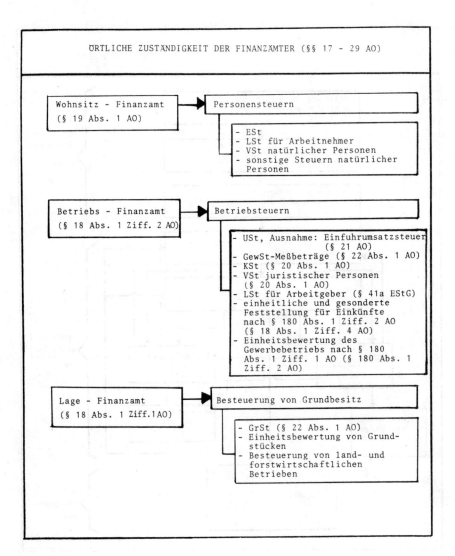

ÖRTLICHE ZUSTÄNDIGKEIT DER FINANZÄMTER (§§ 17 - 29 AO)

Wohnsitz - Finanzamt
(§ 19 Abs. 1 AO)

Personensteuern

- ESt
- LSt für Arbeitnehmer
- VSt natürlicher Personen
- sonstige Steuern natürlicher
  Personen

Betriebs - Finanzamt
(§ 18 Abs. 1 Ziff. 2 AO)

Betriebsteuern

- USt, Ausnahme: Einfuhrumsatzsteuer
             (§ 21 AO)
- GewSt-Meßbeträge (§ 22 Abs. 1 AO)
- KSt (§ 20 Abs. 1 AO)
- VSt juristischer Personen
  (§ 20 Abs. 1 AO)
- LSt für Arbeitgeber (§ 41a EStG)
- einheitliche und gesonderte
  Feststellung für Einkünfte
  nach § 180 Abs. 1 Ziff. 2 AO
  (§ 18 Abs. 1 Ziff. 4 AO)
- Einheitsbewertung des
  Gewerbebetriebs nach § 180
  Abs. 1 Ziff. 1 AO (§ 180 Abs. 1
  Ziff. 2 AO)

Lage - Finanzamt
(§ 18 Abs. 1 Ziff.1AO)

Besteuerung von Grundbesitz

- GrSt (§ 22 Abs. 1 AO)
- Einheitsbewertung von Grund-
  stücken
- Besteuerung von land- und
  forstwirtschaftlichen
  Betrieben

A 12

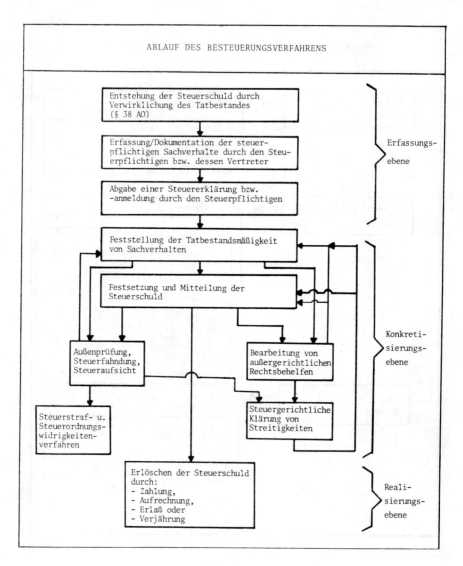

ABLAUF DES BESTEUERUNGSVERFAHRENS

Entstehung der Steuerschuld durch
Verwirklichung des Tatbestandes
(§ 38 AO)

Erfassung/Dokumentation der steuerpflichtigen Sachverhalte durch den Steuerpflichtigen bzw. dessen Vertreter

Abgabe einer Steuererklärung bzw.
-anmeldung durch den Steuerpflichtigen

Feststellung der Tatbestandsmäßigkeit
von Sachverhalten

Festsetzung und Mitteilung der
Steuerschuld

Außenprüfung,
Steuerfahndung,
Steueraufsicht

Bearbeitung von
außergerichtlichen
Rechtsbehelfen

Steuerstraf- u.
Steuerordnungs-
widrigkeiten-
verfahren

Steuergerichtliche
Klärung von
Streitigkeiten

Erlöschen der Steuerschuld
durch:
- Zahlung,
- Aufrechnung,
- Erlaß oder
- Verjährung

Erfassungs-
ebene

Konkreti-
sierungs-
ebene

Reali-
sierungs-
ebene

A 13

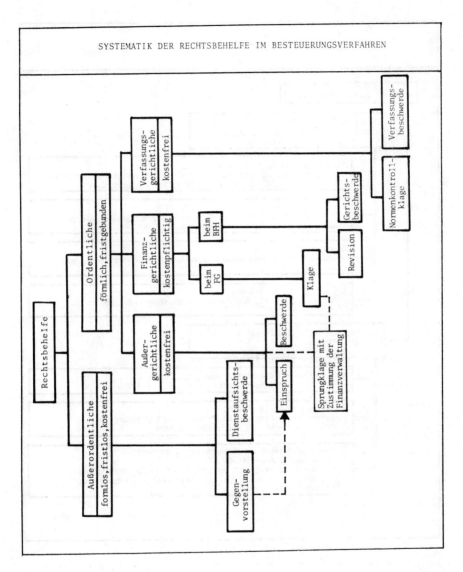

A 14

VERSTÖSSE GEGEN STEUERGESETZE UND IHRE KONSEQUENZEN

Verstöße gegen Steuergesetze

Steuerstraftaten (§§ 369-376 AO)
Folgen: Geld und/oder Freiheitsstrafen
       Strafregistereintragung

Steuerhinterziehung (§ 370 AO)
= Steuerverkürzung oder andere nicht gerechtfertigte Steuervorteile
  vor allem durch unrichtige oder unvollständige Angaben

Bannbruch (§ 372 AO)
= Einfuhr, Ausfuhr oder Durchfuhr ohne ordnungsgemäße Anzeige
  an die zuständige Zollstelle

Schmuggel (§ 373 AO)
= gewerbsmäßige, gewaltsame und bandenmäßige Hinterziehung von
  Abgaben

Steuerhehlerei (§ 374 AO)
= Handel mit Gütern, die den Verbrauchsteuern oder Zöllen
  entzogen wurden

Steuerordnungswidrigkeiten (§§ 377-384 AO)
Folgen: Geldbußen
       Keine Strafregistereintragung

Leichtfertige Steuerhinterziehung (§ 378 AO)
= leichtfertige Steuerhinterziehung i.S.d. § 370 Abs. 1 AO

Steuergefährdung (§ 379-382 AO)
= unrichtige Ausstellung von Belegen und Verletzung von
  Buchführungs- und Aufzeichnungspflichten

Unzulässiger Erwerb von Steuererstattungs- und
Vergütungsansprüchen (§ 383 AO)
= geschäftsmäßiger Erwerb von Ansprüchen auf Erstattung oder
  Vergütung von Steuern u.ä. zum Zwecke der Einziehung oder
  sonstigen Verwertung

PERSÖNLICHE UND SACHLICHE STEUERPFLICHT

Steuerpflicht

Persönlich

Wer ist nach den Steuergesetzen
steuerpflichtig?

Sachlich

Was begründet nach den Steuergesetzen
die Steuerpflicht?

Allgemeine Regelung in der AO:
1. derjenige, den die sachliche
   Steuerpflicht selbst trifft;
   vgl. § 33 Abs. 1 AO
   Ausnahme nach § 33 Abs. 2 AO
2. gesetzliche Vertreter und
   Vermögensverwalter;
   vgl. § 34 Abs. 1 AO

Spezielle Regelungen in den
sonstigen Steuergesetzen zu
den Steuerarten

Sachverhalte, die dazu führen daß
- eine Steuer geschuldet wird
- für eine Steuer zu haften ist
- eine Steuer für Rechnung eines
  Dritten einzubehalten und abzuführen ist
- eine Steuererklärung abzugeben ist
- Sicherheit zu leisten ist
- Bücher und Aufzeichnungen zu führen
  sind oder
- andere, durch die Steuergesetze
  auferlegte Verpflichtungen zu
  erfüllen sind (vgl. § 33 Abs. 1 AO)

Speziell gilt § 38 AO:
"Die Ansprüche aus dem Steuerschuld-
verhältnis entstehen, sobald der
Tatbestand verwirklicht ist, an den
das Gesetz die Leistungspflicht
knüpft."

A 16

ÜBERBLICK ÜBER DIE ERTRAGSTEUERN

Merkmale \ Steuerarten	Subjektsteuern = Personen St		Objektsteuern
	natürliche Personen (§ 1 EStG)	juristische Personen (§ 1 KStG)	Gewerbebetrieb (§ 2 GewStG)
Steuerpflicht/ -gegenstand	natürliche Personen (§ 1 EStG)	juristische Personen (§ 1 KStG)	Gewerbebetrieb (§ 2 GewStG)
Steuer-bezeichnung	Einkommensteuer (ESt) (Gliedsteuern: KapESt, LSt Nebensteuer: KirchenSt)	Körperschaft-steuer (KSt)	Gewerbeertragsteuer (GewESt)
Bemessungs-grundlage	zu versteuerndes Einkommen (§ 32 EStG)	zu versteuern-des Einkommen (§ 7 KStG)	Gewerbeertrag (§ 7 GewStG)
Gesetzesgrundlagen des Steuertarifs	§§ 32 a,b, 50 a EStG	§§ 23 ff KStG	§ 11 GewStG und Beschluß der hebeberechtigten Gemeinde über den Hebesatz
Tarifverlauf	progressiv mit Freibetrag und Proportionalzonen	gespalten proportional, ggf. mit Freigrenze	proportional, ggf. mit Freibetrag

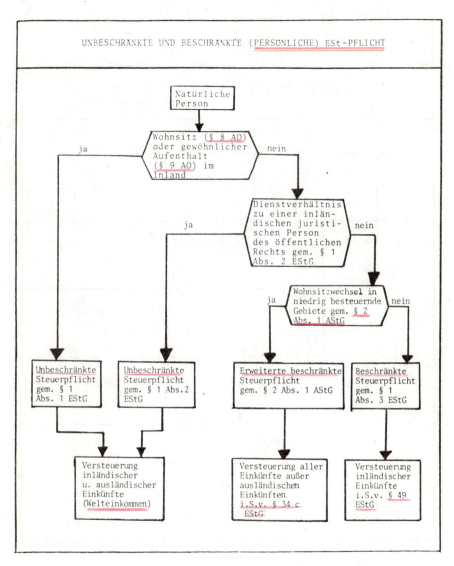

ABGRENZUNG DER GRUNDLAGEN FÜR DIE ERMITTLUNG DES ZU
VERSTEUERNDEN EINKOMMENS

Voraussetzung für die sachliche Steuerpflicht:
- Vorhandensein einer Bemessungsgrundlage

Zuflüsse

nicht
steuerbare
Zuflüsse

steuerbare Zuflüsse in den
sieben Einkunftsarten

steuerfreie
Zuflüsse

steuerpflichtige Zuflüsse
= steuerliche (Roh-)Einnahmen

Einkunftsbedingte
Abflüsse
(= Betriebsaus-
gaben bzw.
Werbungskosten)
sowie Freibeträge

Einkünfte (= Reinertrag)
aus den sieben
Einkunftsarten

verrechenbare
negative
Einkünfte

Summe der
Einkünfte

B 3

Summe der positiven Einkünfte
./. Summe der negativen Einkünfte

> *Summe der Einkünfte*

./. Altersentlastungsbetrag § 24a EStG
./. Ausbildungsplatz-Abzugsbetrag § 24b EStG
./. Ausländische Steuern gemäß § 34c Abs. 2 u. 3 EStG

> *Gesamtbetrag der Einkünfte*

./. Sonderausgaben §§ 10-10c EStG
./. Außergewöhnliche Belastungen §§ 33-33b EStG
./. Verlustabzug § 10d EStG

> *Einkommen*

./. Sonderfreibeträge
   - Altersfreibetrag § 32 Abs. 2 EStG
   - Haushaltsfreibetrag § 32 Abs. 3 EStG
./. Kinderfreibetrag i.S.d. § 32 Abs. 8 EStG
./. Sonstige vom Einkommen abzuziehende Beträge (vgl.Abschn. 3 Abs. 1
                                          Ziff. 20,21 EStG)

> *Zu versteuerndes Einkommen*

> *Anwendung des Tarifs*

> *Tarifliche Einkommensteuer*

./. Steuerermäßigungen (vgl. Abschn. 4 Abs. 1 Ziff. 4-12 EStR)
   - bei ausländischen Einkünften
   - bei Belastung mit Erbschaftsteuer
   - aus anderen Gesetzen

> *Festzusetzende Einkommensteuer*

./. anzurechnende Lohnsteuerabzüge § 36 Abs. 2 Ziff. 2 EStG
./. anzurechnende Kapitalertragsteuerabzüge § 36 Abs. 2 Ziff.2 EStG
./. Körperschaftsteuer-Anrechnungsbetrag § 36 Abs. 2 Ziff. 2 EStG
./. Vorauszahlungen § 36 Abs. 2 Ziff. 1 EStG

> *Abschlußzahlung oder Erstattung*

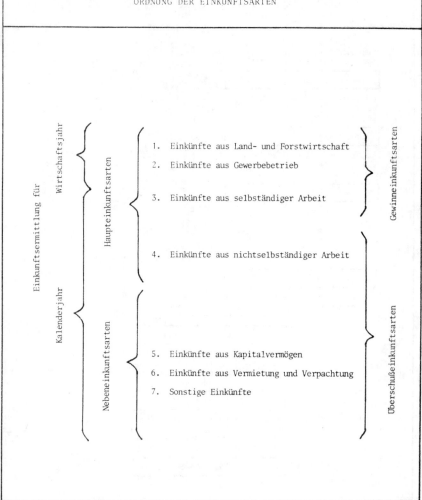

ORDNUNG DER EINKUNFTSARTEN

Einkunftsermittlung für

Wirtschaftsjahr

Haupteinkunftsarten

1. Einkünfte aus Land- und Forstwirtschaft

2. Einkünfte aus Gewerbebetrieb

3. Einkünfte aus selbständiger Arbeit

Gewinneinkunftsarten

4. Einkünfte aus nichtselbständiger Arbeit

Kalenderjahr

Nebeneinkunftsarten

5. Einkünfte aus Kapitalvermögen

6. Einkünfte aus Vermietung und Verpachtung

7. Sonstige Einkünfte

Überschußeinkunftsarten

NICHT STEUERBARE ZUFLÜSSE

1. Einkünfte, die nicht unter eine der sieben Einkunftsarten fallen

   - Abgrenzungsmerkmal: sachliche Zuordenbarkeit
   - Beispiel: Privater Lotteriegewinn, Erbschaft, Gelegenheits-
     geschenke, Aussteuer, Kunstpreis

2. Einkünfte aus Liebhaberei

   - Abgrenzungsmerkmal: Maßgebend ist, "ob der Betrieb nach betriebs-
     wirtschaftlichen Grundsätzen geführt wird und
     nach seiner Wesensart und nach der Art seiner
     Bewirtschaftung auf die Dauer gesehen nach-
     haltig mit Gewinnen arbeiten kann"
     (BFH 1968 und 1969)

   - Beispiel: Gestüt, Jagd

3. Einkünfte, die einem anderen zugerechnet werden

   - Abgrenzungsmerkmal: persönliche Zurechenbarkeit
   - Beispiel: Zuwendungen an gesetzlich unterhaltsberechtigte
     Personen führen beim Empfänger nicht zu steuer-
     pflichtigen Einkünften, da sie bei der Ermittlung
     des zu versteuernden Einkommens beim Zuwender
     nicht abgezogen werden dürfen.
     (Ausnahme: Wahl des Realsplittings:
     Unterhaltsleistungen an den geschiedenen
     oder dauernd getrennt lebenden Ehegatten
     bis 9.000,- p.a.; § 10 Abs. 1 S. 1 EStG)

B 6

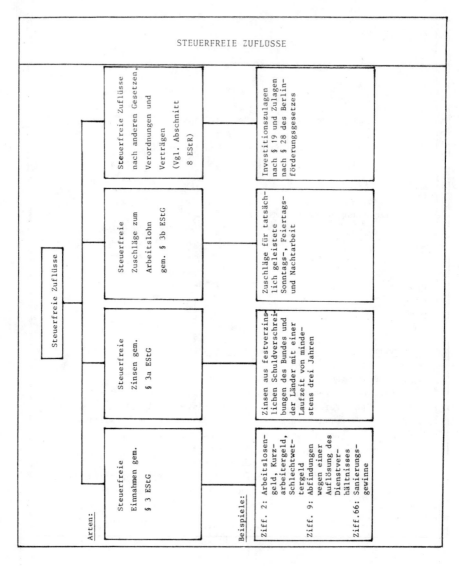

STEUERFREIE ZUFLÜSSE

Steuerfreie Zuflüsse

Arten:

| Steuerfreie Einnahmen gem. § 3 EStG | Steuerfreie Zinsen gem. § 3a EStG | Steuerfreie Zuschläge zum Arbeitslohn gem. § 3b EStG | Steuerfreie Zuflüsse nach anderen Gesetzen, Verordnungen und Verträgen (Vgl. Abschnitt 8 EStR) |

Beispiele:

| Ziff. 2: Arbeitslosengeld, Kurzarbeitergeld, Schlechtwettergeld Ziff. 9: Abfindungen wegen einer Auflösung des Dienstverhältnisses Ziff.66: Sanierungsgewinne | Zinsen aus festverzinslichen Schuldverschreibungen des Bundes und der Länder mit einer Laufzeit von mindestens drei Jahren | Zuschläge für tatsächlich geleistete Sonntags-, Feiertags- und Nachtarbeit | Investitionszulagen nach § 19 und Zulagen nach § 28 des Berlinförderungsgesetzes |

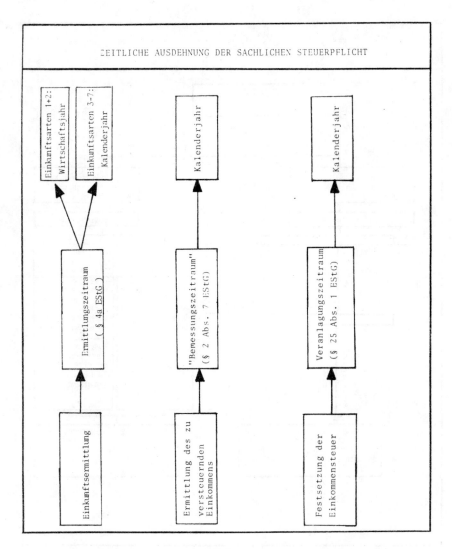

ZEITLICHE AUSDEHNUNG DER SACHLICHEN STEUERPFLICHT

Einkunftsarten 1+2: Wirtschaftsjahr

Einkunftsarten 3-7: Kalenderjahr

Ermittlungszeitraum (§ 4a EStG)

Einkunftsermittlung

Kalenderjahr

"Bemessungszeitraum" (§ 2 Abs. 7 EStG)

Ermittlung des zu versteuernden Einkommens

Kalenderjahr

Veranlagungszeitraum (§ 25 Abs. 1 EStG)

Festsetzung der Einkommensteuer

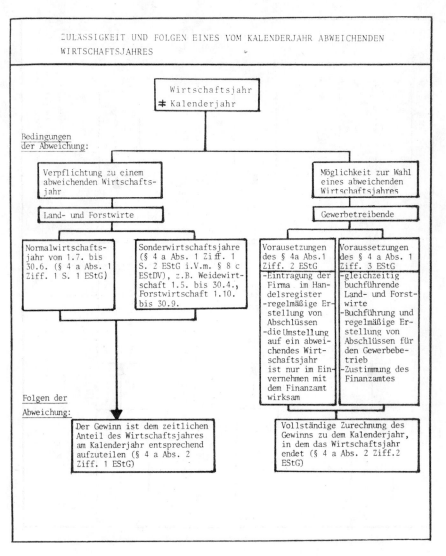

Wirtschaftsjahr
≠ Kalenderjahr

Bedingungen
der Abweichung:

Verpflichtung zu einem
abweichenden Wirtschafts-
jahr

Land- und Forstwirte

Möglichkeit zur Wahl
eines abweichenden
Wirtschaftsjahres

Gewerbetreibende

Normalwirtschafts-
jahr vom 1.7. bis
30.6. (§ 4 a Abs. 1
Ziff. 1 S. 1 EStG)

Sonderwirtschaftsjahre
(§ 4 a Abs. 1 Ziff. 1
S. 2 EStG i.V.m. § 8 c
EStDV), z.B. Weidewirt-
schaft 1.5. bis 30.4.,
Forstwirtschaft 1.10.
bis 30.9.

Voraussetzungen
des § 4a Abs.1
Ziff. 2 EStG
-Eintragung der
Firma im Han-
delsregister
-regelmäßige Er-
stellung von
Abschlüssen
-die Umstellung
auf ein abwei-
chendes Wirt-
schaftsjahr
ist nur im Ein-
vernehmen mit
dem Finanzamt
wirksam

Voraussetzungen
des § 4 a Abs. 1
Ziff. 3 EStG
-gleichzeitig
buchführende
Land- und Forst-
wirte
-Buchführung und
regelmäßige Er-
stellung von
Abschlüssen für
den Gewerbebe-
trieb
-Zustimmung des
Finanzamtes

Folgen der

Abweichung:

Der Gewinn ist dem zeitlichen
Anteil des Wirtschaftsjahres
am Kalenderjahr entsprechend
aufzuteilen (§ 4 a Abs. 2
Ziff. 1 EStG)

Vollständige Zurechnung des
Gewinns zu dem Kalenderjahr,
in dem das Wirtschaftsjahr
endet (§ 4 a Abs. 2 Ziff.2
EStG)

VERANLAGUNGSFORMEN

```
                    ┌─────────────────────────┐
                    │   Veranlagungsformen    │
                    └─────────────────────────┘
                      │                    │
        ┌─────────────────────────┐   ┌─────────────────────────┐
        │ Einzelveranlagung       │   │   Veranlagung von       │
        │ (§ 25 Abs. 1 EStG)      │   │      Ehegatten          │
        └─────────────────────────┘   └─────────────────────────┘
              │                          │                  │
              │            ┌──────────────────────┐ ┌──────────────────────┐
              │            │ Getrennte Veranlagung│ │ Zusammenveranlagung  │
              │            │ (§ 26a EStG)         │ │ (§ 26b EStG)         │
              │            └──────────────────────┘ └──────────────────────┘
              │                     │                        │
              │            ┌──────────────────────┐ ┌──────────────────────┐
              │            │ nur bei ausdrücklicher│ │     Regelfall        │
              │            │ und schriftlicher Wahl│ │                      │
              │            └──────────────────────┘ └──────────────────────┘
              │                     │                        │
```

| Die einzelne natürliche Person hat das Einkommen zu versteuern, das sie im Veranlagungszeitraum bezogen hat. (Individualprinzip)
- Anwendung des Grundtarifs | Jedem Ehegatten werden die Einkünfte einzeln zugerechnet. Die gemeinsam ermittelten Sonderausgaben und außergewöhnlichen Belastungen werden nach speziellen Regeln verteilt.
- Anwendung des Grundtarifs | Zusammenrechnung der für jeden Ehegatten gesondert ermittelten Einkünfte und gemeinsame Einkommensermittlung
-Anwendung des Splittingtarifs |

EINKÜNFTE AUS LAND- UND FORSTWIRTSCHAFT

1. Abgrenzungsproblematik

   Aus land- und forstwirtschaftlicher Tätigkeit können sich ergeben:
   - Einkünfte aus Land- und Forstwirtschaft
   - Einkünfte aus Gewerbebetrieb

   Arten land- und forstwirtschaftlicher Betriebe
   a) Betriebe des Pflanzenbaus gem. § 13 Abs. 1 Ziff. 1 Satz 1
      EStG (z.B. Landwirtschaft, Forstwirtschaft, Weinbau,
      Gartenbau)
   b) Tierzucht und Tierhaltung in gegebenen Grenzen
      (§ 13 Abs. 1 Ziff. 1 Satz 2 EStG)
   c) Sonstige Betriebe gem. § 13 Abs. 1 Ziff. 2-4 EStG
      (z.B. Binnenfischerei, Imkerei, Jagd, Forstgenossenschaften)

   Gewerbebetrieb trotz land- und forstwirtschaftlicher Tätigkeit
   a) Gewerbebetrieb kraft Rechtsform
   b) Teil eines einheitlichen Gewerbebetriebes
   c) Einheitlicher Gewerbebetrieb

2. Art der Einkünfte aus Land- und Forstwirtschaft

   - Einkünfte aus der eigentlichen land- und forstwirtschaftlichen
     Tätigkeit sowie sämtliche Einkünfte, die im Zusammenhang mit
     dem land- und forstwirtschaftlichen Betrieb entstehen
   - Nutzwert der Wohnung
   - Einkünfte aus Nebenbetrieben
   - Einkünfte aus Nebenleistungen
   - Einkünfte aus Vermietung und Verpachtung
     land- und forstwirtschaftlicher Nutzflächen
   - Einkünfte aus der Veräußerung eines land- oder forstwirtschaft-
     lichen Betriebs, Teilbetriebs oder eines Anteils an einem
     land- und forstwirtschaftlichen Betriebsvermögen (§ 14 EStG)

1. Gewerbebetrieb kraft gewerblicher Betätigung (gem. § 1 Abs. 1 GewStDV)

   - Selbständigkeit (Tätigkeit auf eigene Rechnung und Gefahr; Verantwortung)
   - Nachhaltigkeit der Betätigung (Wiederholungsabsicht)
   - Gewinnerzielungsabsicht (kann Nebenzweck sein)
   - Beteiligung am allgemeinen wirtschaftlichen Verkehr (gem. Abschn. 12b GewStR: "wenn der Betrieb seine Leistungen gegen Entgelt der Allgemeinheit, d.h. einer unbestimmten Anzahl von Personen, anbietet")
   - keine Land- und Forstwirtschaft und keine selbständige Arbeit
   - keine private Vermögensverwaltung

2. Gewerbebetrieb kraft Rechtsform (gem. § 2 Abs. 2 GewStG)

   - Offene Handelsgesellschaften, Kommanditgesellschaften und andere Gesellschaften, bei denen die Gesellschafter als Unternehmer (Mitunternehmer) des Gewerbebetriebes anzusehen sind
   - Kapitalgesellschaften, Erwerbs- und Wirtschaftsgenossenschaften sowie Versicherungsvereine auf Gegenseitigkeit

3. Gewerbebetrieb kraft wirtschaftlichen Geschäftsbetriebs (gem. § 2 Abs. 3 GewStG i.V.m. § 14 Abs. 1 AO)

   - selbständige nachhaltige Tätigkeit,
   - Erzielung von Einnahmen oder anderen wirtschaftlichen Vorteilen
   - keine reine Vermögensverwaltung
   - keine Land- und Forstwirtschaft
   - Gewinnerzielungsabsicht ist nicht erforderlich

1. Einkünfte aus gewerblichen Einzelunternehmen

   (§ 15 Abs. 1 Ziff. 1 EStG)

2. Einkünfte aus Mitunternehmergemeinschaften

   (§ 15 Abs. 1 Ziff. 2 EStG)

   Mitunternehmer sind

   - Gesellschafter einer OHG, KG und GbR
   - atypische stille Gesellschafter

3. Einkünfte eines persönlich haftenden Gesellschafters der KGaA

   (§ 15 Abs. 1 Ziff. 3 EStG)

   zu den Einkünften nach Ziff. 1-3 gehören auch:

   Einkünfte aus der Veräußerung und Aufgabe eines
   Gewerbebetriebes

   (§ 16 EStG)

4. Einkünfte aus der Veräußerung von Anteilen an
   Kapitalgesellschaften bei wesentlicher Beteiligung (> 25%)

   (§ 17 EStG)

1. Merkmale der "selbständigen Arbeit"

   - Selbständigkeit (Handeln auf eigene Rechnung und Gefahr)

   - Einsatz der eigenen Arbeitskraft
     (Voraussetzung vor allem für freiberufliche Tätigkeit:
     persönliche Fachkenntnisse des Berufsträgers, die ihn
     befähigen, leitend und eigenverantwortlich tätig zu
     sein)

   - Ausübung für eine gewisse Dauer
     (Die Tätigkeit darf zwar "vorübergehend", nicht aber
     nur "gelegentlich" erfolgen.)

2. Untereinkunftsarten (§ 18 Abs. 1 EStG)

   - Einkünfte aus freiberuflicher Tätigkeit

     -- Selbständig ausgeübte wissenschaftliche, künstlerische,
        schriftstellerische, unterrichtende oder erzieherische
        Tätigkeit

     -- Katalog-Berufstätigkeit
        Beispiel: Wirtschaftsprüfer, Notare, Ärzte, Architekten

   - Einkünfte von staatlichen, nicht gewerblichen Lotterieeinnehmern

   - Einkünfte aus sonstiger selbständiger Arbeit
     Beispiel: Testamentsvollstrecker, Aufsichtsratsmitglieder
        zu den Einkünften aus selbständiger Arbeit gehört auch
        der Gewinn aus der Veräußerung von Vermögen i.S.d.
        § 18 Abs. 3 EStG

3. Besonders geregelter Abzugsbetrag: 5% der Einnahmen aus freiberuflicher Tätigkeit, höchstens DM 1.200,- (§ 18 Abs. 4 EStG)

EINKÜNFTE AUS NICHTSELBSTÄNDIGER ARBEIT

1. Kennzeichnung

Einnahmen sind sämtliche Leistungen, die einem Arbeitnehmer aus einem Dienstverhältnis oder einem früheren
Dienstverhältnis zufließen. (§ 2 Abs. 1 LStDV)
Ein Dienstverhältnis liegt vor, wenn der Arbeitnehmer
dem Arbeitgeber (öffentliche Körperschaft, Unternehmer,
Haushaltsvorstand) seine Arbeitskraft schuldet.
(§ 1 Abs. 2 LStDV)

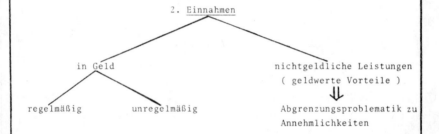

3. Besonders geregelte Abzugsbeträge

- Arbeitnehmer-Freibetrag (§ 19 Abs. 4 EStG) = 480 DM
- Weihnachts-Freibetrag (§ 19 Abs. 3 EStG) = 600 DM
- Versorgungs-Freibetrag (§ 19 Abs. 2 EStG) = 40 % der
  Versorgungsbezüge bis max. 4.800 DM
- Werbungskosten-Pauschbetrag (§ 9a Nr. 1 EStG) = 564 DM
  (Zusätzliche Werbungskosten-Pauschbeträge für bestimmte
  Berufsgruppen sind in Abschn. 23 LStR geregelt.)

EINKÜNFTE AUS KAPITALVERMÖGEN

1. Kennzeichnung

   - Einkünfte aus der Nutzung von privatem Geldvermögen

2. Einnahmen aus Kapitalvermögen

   - Einnahmen aus Kapitalanlagen in Kapitalgesellschaften und
     sonstigen juristischen Personen (§ 20 Abs. 1 Ziff. 1 EStG)
     (einschl. verdeckter Gewinnausschüttung)
   - Bezüge, die auf Grund einer Kapitalherabsetzung oder nach der
     Auflösung unbeschränkt steuerpflichtiger Körperschaften anfallen,
     soweit das Kapital aus Rücklagen stammt (§ 20 Abs. 1 Ziff. 2
     EStG)
   - Der Körperschaftsteueranrechnungsbetrag (§ 20 Abs. 1 Ziff. 3
     EStG)
   - Einnahmen aus einer Beteiligung als (typischer) stiller Gesell-
     schafter und aus partiarischen Darlehen (§ 20 Abs. 1 Ziff. 4
     EStG)
   - Zinsen aus Kapitalanlagen ohne Beteiligungscharakter
     (§ 20 Abs. 1 Ziff. 5-8 EStG)
   - Diskontbeträge von Wechseln und Anweisungen
     (§ 20 Abs. 1 Ziff. 9 EStG)
   - Besondere Entgelte oder Vorteile (§ 20 Abs. 2 Ziff. 1 EStG)
     (Beispiele: Agio, Damnum)
   - Einnahmen aus der Veräußerung von Gewinn- oder Zinsansprüchen
     (§ 20 Abs. 2 Ziff. 2-3 EStG)

3. Besonders geregelte Abzugsbeträge

   - Sparer-Freibetrag (§ 20 Abs. 4 EStG) = 300 bzw. 600 DM
   - Werbungskosten-Pauschbetrag (§ 9a Ziff. 2 EStG) = 100 bzw.
     200 DM

EINKÜNFTE AUS VERMIETUNG UND VERPACHTUNG

1. Kennzeichnung

   - Einkünfte aus der Überlassung von nicht-geldlichen Vermögens-
     teilen (insbes. von Sachen und Rechten) an andere Personen zur
     Nutzung durch Vermietung, Verpachtung oder aufgrund einer ähn-
     lichen Abrede

2. Arten von Einkünften aus Vermietung und Verpachtung

   - Einkünfte aus der Überlassung von unbeweglichem Vermögen
     (§ 21 Abs. 1 Ziff. 1 EStG)

   - Einkünfte aus der Überlassung von Sachinbegriffen
     (§ 21 Abs. 1 Ziff. 2 EStG)
     -- Sachinbegriff: Vielzahl von beweglichen Sachen, die
                       wirtschaftlich eine Einheit bilden

   - Einkünfte aus zeitlich begrenzter Überlassung von Rechten
     (§ 21 Abs. 1 Ziff. 3 EStG)

   - Einkünfte aus Veräußerung von Miet- und Pachtzinsforderungen
     (§ 21 Abs. 1 Ziff. 4 EStG)

   - Nutzungswert der Wohnung im eigenen Haus oder der Nutzungswert
     einer dem Steuerpflichtigen unentgeltlich überlassenen Wohnung
     (§ 21 Abs. 2 EStG)

3. Besonderheiten

   - Pauschalierung des Nutzungswerts und Beschränkung der abzugs-
     fähigen Werbungskosten bei einer selbstgenutzten Wohnung im
     eigenen Haus
     (§ 21a EStG)

SONSTIGE EINKÜNFTE

1. Kennzeichnung

   - Erschöpfende Aufzählung von Einkünften unterschiedlicher
     Art in § 22 EStG

2. Arten sonstiger Einkünfte und ihre Besonderheiten

   Einkünfte aus wiederkehrenden Bezügen (§ 22 Ziff. 1 EStG)

   - Wiederkehrende Bezüge sind "Bezüge, die in gewissen Zeit-
     abständen wiederkehren. Sie dürfen nicht zu den Einkunfts-
     arten im Sinne des § 2 Abs. 1 Ziff. 1 bis 6 EStG gehören
     und sich bei wirtschaftlicher Betrachtung nicht als Kapi-
     talrückzahlungen (Kaufpreisraten) darstellen."
     (Abschn. 165 Abs. 1 EStR)
   Einkünfte aus Unterhaltsleistungen, soweit sie vom Geber als
   Sonderausgaben abgezogen werden können
   (§ 22 Ziff. 1a EStG)

   - Werbungskosten-Pauschbetrag bei Einnahmen im Sinne des
     § 22 Ziff. 1 und 1a EStG (§ 9a Ziff. 3 EStG) = 200 DM

   Einkünfte aus Spekulationsgeschäften (im Sinne des § 23 EStG)

   - Spekulationsgeschäfte sind Veräußerungsgeschäfte,

     -- bei denen der Zeitraum zwischen Anschaffung und Ver-
        äußerung
        a) bei Grundstücken und grundstücksgleichen Rechten
           nicht mehr als zwei Jahre
        b) bei anderen Wirtschaftsgütern nicht mehr als sechs
           Monate beträgt, oder
     -- bei denen die Veräußerung der Wirtschaftsgüter früher
        erfolgt als der Erwerb

   - Freigrenze (§ 23 Abs. 4 Satz 2 EStG) = 1000 DM

   - Verluste aus Spekulationsgeschäften dürfen nur bis zur Höhe
     des Spekulationsgewinns im gleichen Kalenderjahr ausgeglichen
     werden.

   Einkünfte aus sonstigen Leistungen (§ 22 Ziff. 3 EStG)

   - Sonstige Leistungen sind Leistungen, die in einem Tun, Dulden
     oder Unterlassen bestehen können, das Gegenstand eines ent-
     geltlichen Vorgangs sein kann.

   - Freigrenze (§ 22 Ziff. 3 Satz 2 EStG) = 500 DM

   - Übersteigen die Werbungskosten die Einnahmen aus sonstigen
     Leistungen, so darf der übersteigende Betrag weder bei der
     Einkunftsermittlung ausgeglichen noch mit positiven Ein-
     künften anderer Kalenderjahre verrechnet werden.

   Einkünfte auf Grund von Abgeordnetengesetzen sowie vergleich-
   bare Bezüge (§ 22 Ziff. 4 EStG)

Arten	Wiederkehrende Bezüge			
	Bezüge aufgrund dauernder Lasten			Sonstige wiederkehrende Bezüge
	Renten(bezüge)		Bezüge auf Grund sonstiger dauernder Lasten	
	Leibrenten	Zeitrenten		
Sachliche Abgrenzungsmerkmale	− beruhen auf besonderem Verpflichtungsgrund (Vertrag, Gesetz) − beruhen auf einem selbständig nutzbaren Recht, dem (Renten-)Stammrecht − kehren regelmäßig wieder − sind gleichmäßig hoch − bestehen in Geld oder sonstigen vertretbaren Sachen		mindestens eines der Rentenmerkmale fehlt	einheitlicher Entschluß zu aufeinanderfolgenden Leistungen genügt
Zeitliche Abgrenzungsmerkmale	auf Lebenszeit Sonderformen: -Abgekürzte Leibrenten (Höchstzeitrenten) -Verlängerte Leibrenten (Mindestzeitrenten)	zeitlich begrenzt, Mindestdauer 10 Jahre	auf Lebenszeit oder Mindestdauer von 10 Jahren	Mindestdauer von 10 Jahren ist nicht erforderlich

B 19

GRUNDSÄTZE DER EINKUNFTSERMITTLUNG

Prinzip der Abschnittsbesteuerung

- nur Vorgänge innerhalb eines Einkunftsermittlungs-
  zeitraums sind relevant

Prinzip der Nettobesteuerung

- nur die aus einer Einkunftsart eingetretene
  Vermehrung des Reinvermögens des Steuerpflichtigen
  wird zur ESt herangezogen

Prinzip, Lebensführungskosten
bei der Einkunftsermittlung
nicht zur Auswirkung kommen zu
lassen

B 20

METHODEN DER EINKUNFTSERMITTLUNG

Einkunftsermittlung

ordentlich — außerordentlich

Gewinnermittlung

außerordentlich: Schätzung — § 162 AO

- Betriebsvermögensvergleich
  - § 4 Abs. 1 EStG — originäre Steuerbilanz
  - § 5 EStG — derivative Steuerbilanz
- Betriebseinnahmen-Betriebsausgaben-Überschußrechnung
  - § 4 Abs. 3 EStG — Subtraktion der Betriebsausgaben von den Betriebseinnahmen
- Durchschnittssatzrechnung
  - § 13a EStG — Zusammenfassung von Grundbetrag, Arbeitsleistungswert, Pachtzinsen, Nutzungswert der Wohnung u.a.
- Überschußermittlung der Einnahmen über die Werbungskosten
  - § 2 Abs. 2 Ziff. 2 EStG — Subtraktion der Werbungskosten von den Einnahmen

Zufluß-Abfluß-Prinzip (§ 11 EStG)

1. Begriff der Steuerbilanz
   - Bilanz zu steuerlichen Zwecken und nach steuerlichen Vorschriften

2. Zweck der Steuerbilanz
   - Gewinnermittlung durch Vermögensvergleich auf der Basis des Nominalwertprinzips

3. Arten der Steuerbilanz
   Ordentliche Steuerbilanz
   = regelmäßig (nach Ablauf eines Wirtschaftsjahres) erstellte Bilanz für steuerliche Zwecke

   Grundform: Hauptbilanz
   = der in Form einer Bilanz vorgenommene Vermögensvergleich des Steuerpflichtigen bzw. der Gesellschaft.

   Sonderform: Sonderbilanz
   = durch das Verfahren der einheitlichen und gesonderten Gewinnermittlung bedingte Teil-Steuerbilanz zur Erfassung von Änderungen im Betriebsvermögen einzelner Gesellschafter bei Personengesellschaften

      : Ergänzungsbilanz
   = Teil-Steuerbilanz zur Korrektur der Kapitalkonten von Gesellschaftern

   Außerordentliche Steuerbilanzen
   = Steuerbilanzen bei außerordentlichen Ereignissen im Unternehmensablauf

   - Sanierungsbilanz
   - Abwicklungsbilanz
   - Verschmelzungsbilanz
   - Umwandlungsbilanz

FORMALE VORSCHRIFTEN FÜR DIE STEUERBILANZ

1. Kreis der Buchführungs- und Bilanzierungspflichtigen

   - Nach anderen Gesetzen Buchführungspflichtige (§ 140 AO)
   - Nicht nach § 140 AO buchführungspflichtige gewerbliche Unternehmer sowie Land- und Forstwirte, die nach den Feststellungen der Finanzbehörde für den einzelnen Betrieb folgende Merkmale erfüllen (§ 141 Abs. 1 AO):

      a) Gesamtumsatz   >   360.000 DM
      b) Betriebsvermögen   >   100.000 DM
      c) Wirtschaftswert der selbstbewirtschafteten land- und forstwirtschaftlichen Flächen   >   40.000 DM
      d) Gewinn aus Gewerbebetrieb   >   36.000 DM
      e) Gewinn aus Land- und Forstwirtschaft > 36.000 DM

   → Für Angehörige freier Berufe ergibt sich aus § 141 AO keine Buchführungs- und Bilanzierungspflicht.

2. Bilanzstichtag und Bilanzierungszeitraum

   - Bilanzstichtag für die laufende Bilanzierung:
                                Ende jeden Wirtschaftsjahres
   - Bilanzierungszeitraum: Wirtschaftsjahr

3. Abänderung von Steuerbilanzen (§ 4 Abs. 2 EStG)

   - Bilanzänderung
     = Ersatz eines steuerlich zulässigen Ansatzes durch einen anderen steuerlich zulässigen Ansatz (zustimmungspflichtig)
   - Bilanzberichtigung
     = Ersatz eines steuerlich unzulässigen Ansatzes durch einen steuerlich zulässigen Ansatz (zustimmungsfrei)

Bei buchführenden Gewerbetreibenden "ist für den Schluß
des Wirtschaftsjahres das Betriebsvermögen anzusetzen...,
das nach den handelsrechtlichen Grundsätzen ordnungsmäßiger
Buchführung auszuweisen ist." (§ 5 Abs. 1 EStG)

*Die Handelsbilanz ist maßgeblich für die Besteuerung, soweit
dem nicht zwingende steuerliche Bestimmungen entgegenstehen
(derivative Steuerbilanz). Stehen den Ansätzen in der Handelsbilanz zwingende steuerliche Bestimmungen entgegen, so setzt
sich die Steuerbilanz aus der Handelsbilanz und einer
Korrekturrechnung zusammen.*

Soweit die Handelsbilanz nicht den Grundsätzen ordnungsmäßiger
Buchführung entspricht, ist sie nicht maßgebend für die
Ermittlung steuerlicher Bemessungsgrundlagen.

KONSEQUENZEN DES MAßGEBLICHKEITSPRINZIPS FÜR DIE BILANZIERUNG UND BEWERTUNG IN DER (DERIVATIVEN) STEUERBILANZ

Steuerrechtliche Regelung / Handelsrechtliche Regelung	Zwingende steuerrechtliche Vorschriften	Steuerrechtliche Wahlrechte	Keine (expliziten) steuerrechtlichen Vorschriften
Zwingende handelsrechtliche Vorschriften ("Muß"-Bestimmungen)	Anwendung der steuerrechtlichen Vorschriften	Anwendung der handelsrechtlichen Vorschriften	
Handelsrechtliche Wahlrechte ("Kann"-Bestimmungen)		Der Ansatz in der Handelsbilanz ist maßgebend für den Ansatz in der Steuerbilanz; die Ausschöpfung der steuerbilanziellen Wahlrechte setzt somit i.d.R. einen entsprechenden Ansatz in der Handelsbilanz voraus. (Umkehrung des Maßgeblichkeitsprinzips)	a) Bilanzierung (lt. BFH 1969) - handelsrechtliches Aktivierungswahlrecht → steuerrechtliche Aktivierungspflicht - handelsrechtliches Passivierungswahlrecht → steuerrechtliches Passivierungsverbot Ausnahme: Bilanzierungshilfen sind steuerlich nicht bilanzierungsfähig. b) Bewertung - Übernahme der Wertansätze aus der Handelsbilanz

BILANZIERUNGSOBJEKTE DER STEUERBILANZ

1. Grundsatz:

In der Steuerbilanz ist das Betriebsvermögen anzusetzen
(§§ 4 Abs. 1, 5 Abs. 1 EStG).

2. Definitionen:

Betriebsvermögen ist die Gesamtheit der
Wirtschaftsgüter der Unternehmung.
Wirtschaftsgüter sind Sachen, Rechte oder sonstige
wirtschaftliche Vorteile, die
a) durch Aufwendungen erlangt wurden,
b) nach der allgemeinen Verkehrsanschauung
selbständig bewertungsfähig sind und
c) dem Betrieb einen über das Ende der Wirtschafts-
periode hinausgehenden Nutzen versprechen.
Verpflichtungen und wirtschaftliche Lasten.

3. Arten von Wirtschaftsgütern:

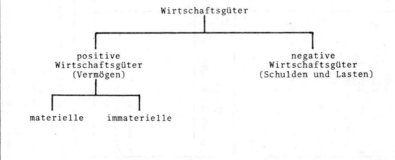

B 26

UMFANG UND ABGRENZUNG DES BETRIEBSVERMÖGENS

Wirtschaftsgüter, die ihrer Wesensart nach dem Betrieb zugehören, insbesondere eine wesentliche Grundlage des Betriebs bilden, eine betriebliche Funktion ausüben oder im Betrieb geschaffen werden (z.B. Ölgemälde beim Kunsthändler)	Wirtschaftsgüter, die im Einzelfall sowohl zum Betriebsvermögen als auch zum Privatvermögen gehören können (z.B. Wertpapiere, Pkw, Grundstücke)		Wirtschaftsgüter, die ihrer objektiven Eignung und Zweckbestimmung nach im Einzelfall nicht Betriebsvermögen sein können (z.B. Hausrat, Kleidung, Wohnungseinrichtung)
Verpflichtung zur Vermögenszuordnung	Wahlrecht der Vermögenszuordnung		Verpflichtung zur Vermögenszuordnung
Notwendiges Betriebsvermögen	Zuordnung zum Betriebsvermögen: Gewillkürtes Betriebsvermögen	Zuordnung zum Privatvermögen: (Gewillkürtes) Privatvermögen	Notwendiges Privatvermögen
Betriebsvermögen			Privatvermögen

B 27

BEWERTUNG IN DER STEUERBILANZ GEM. § 6 ESTG

Bewertung der Wirtschaftsgüter

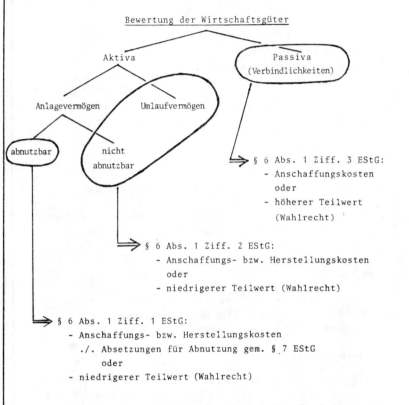

Aktiva

Passiva
(Verbindlichkeiten)

Anlagevermögen   Umlaufvermögen

abnutzbar   nicht
abnutzbar

§ 6 Abs. 1 Ziff. 3 EStG:
- Anschaffungskosten
  oder
- höherer Teilwert
  (Wahlrecht)

§ 6 Abs. 1 Ziff. 2 EStG:
- Anschaffungs- bzw. Herstellungskosten
  oder
- niedrigerer Teilwert (Wahlrecht)

§ 6 Abs. 1 Ziff. 1 EStG:
- Anschaffungs- bzw. Herstellungskosten
  ./. Absetzungen für Abnutzung gem. § 7 EStG
  oder
- niedrigerer Teilwert (Wahlrecht)

beachte: Der Ansatz eines Wertes, der zwischen den beiden
          zulässigen Werten liegt (Zwischenwert), ist möglich.

B 28

1. Anschaffungs- und Herstellungskosten

    a) Anschaffungskosten (= für erworbene Wirtschaftsgüter)
       = alle Aufwendungen, die durch die Anschaffung eines
       Wirtschaftsgutes veranlaßt sind

    b) Herstellungskosten (= für selbst erstellte Wirtschaftsgüter)
       = alle Aufwendungen, die durch die Herstellung eines
       Wirtschaftsgutes oder des Teils eines Wirtschaftsgutes
       veranlaßt sind

2. Teilwert

    = der Betrag, den ein Erwerber des ganzen Betriebes
      im Rahmen des Gesamtkaufpreises für das einzelne
      Wirtschaftsgut ansetzen würde; dabei ist davon auszugehen,
      daß der Erwerber den Betrieb fortführt (§ 6 Abs. 1
      Ziff. 1 S. 3 EStG)

3. Zwischenwert

    = beliebiger Wert, der zwischen zwei zulässigen Werten
      (z.B. Anschaffungs- bzw. Herstellungskosten und
      niedrigerem Teilwert) liegt

4. Gemeiner Wert

    = Preis, der im gewöhnlichen Geschäftsverkehr nach der Be-
      schaffenheit des Wirtschaftsgutes bei einer Veräußerung
      zu erzielen wäre (§ 9 Abs. 2 S. 1 BewG)

Kaufpreis

./. verrechenbare (abziehbare) Vorsteuer (§ 9b Abs.1 EStG)
./. Zahlungsabzüge (Skonti, Rabatte, Boni)

= Kosten des Erwerbs

+ Anschaffungsnebenkosten
 - Nebenkosten des Erwerbs (z.B. GrESt)
 - Nebenkosten der Verbringung in die Unternehmung
  (z.B. Fracht)
 - Nebenkosten der Inbetriebnahme
  (z.B. Installierung)

= Anschaffungskosten

beachte:
    Nicht zu den Anschaffungskosten zählen:
   - Gemeinkosten der Beschaffung

   - Finanzierungskosten (Geldbeschaffungskosten)

    -- Ausnahmen: a) Vorfinanzierung von Anzahlungen
                  b) Kreditaufnahme zur Inanspruchnahme
                     von Skonti

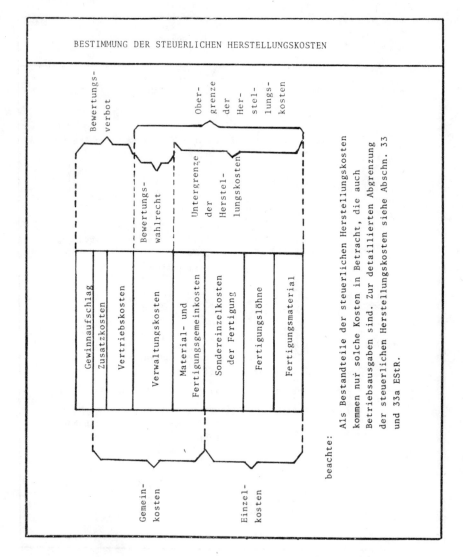

beachte:

Als Bestandteile der steuerlichen Herstellungskosten kommen nur solche Kosten in Betracht, die auch Betriebsausgaben sind. Zur detaillierten Abgrenzung der steuerlichen Herstellungskosten siehe Abschn. 33 und 33a EStR.

Der Teilwert (eines Wirtschaftsgutes) ist aus der Sicht
eines gedachten Erwerbers von dem Gesamtkaufpreis des Betriebes
unter der Annahme der Betriebsfortführung abzuleiten
und somit nur durch Schätzung bestimmbar :

Obergrenze: Wiederbeschaffungs- bzw. Wiederherstellungskosten
Untergrenze: Einzelveräußerungspreis (mindestens: Schrott-, Liquidationswert)

	Teilwertvermutungen	Teilwertwiderlegungsgründe
Nicht-Nominalgüter	**bei abnutzbaren Wirtschaftsgütern des Anlagevermögens:** Teilwert = Anschaffungs- oder Herstellungskosten ./. AfA	im Kaufpreis nicht berücksichtigte Mängel des Wirtschaftsgutes nachhaltig gesunkene Wiederbeschaffungs- bzw. Wiederherstellungskosten
	bei nichtabnutzbaren Wirtschaftsgütern des Anlagevermögens: Teilwert = Anschaffungs- oder Herstellungskosten	mangelnde Rentabilität des Wirtschaftsgutes Unrentierlichkeit des gesamten Betriebes
	beim Umlaufvermögen: Teilwert = Wiederbeschaffungskosten (Börsen-, Marktpreis)	Verkaufspreis abzüglich der dem Unternehmen noch entstehenden Kosten und des durchschnittlichen Unternehmergewinnes sinkt unter die Wiederbeschaffungskosten
Nominalgüter	**bei liquiden Mitteln:** Teilwert = Nominalbetrag in DM bei Sorten: Umrechnung zum Sortenkurs im Zeitpunkt des Erwerbs	Sinken des Sortenkurses
	bei Forderungen: Teilwert = Nennwert bei fremden Währungen: Umrechnung zum Devisenkurs zum Zeitpunkt der Forderungsbegründung	erwarteter Forderungsausfall Sinken des Devisenkurses niedrige Verzinslichkeit, wenn der Hingabe kein wirtschaftlicher Vorteil gegenübersteht
	bei Verbindlichkeiten: Teilwert = Rückzahlungsbetrag bei fremden Währungen: Umrechnung zum Devisenkurs zum Zeitpunkt der Entstehung der Schuld	Steigen des Devisenkurses im Ausnahmefall hohe Verzinslichkeit

Quelle:

Biergans, Enno: Einkommensteuer und Steuerbilanz, 2. Aufl.,
München 1983, S. 255.

1. Wertobergrenze

   a) In der Anschaffungs- bzw. Herstellungsperiode:
      - Anschaffungs- bzw. Herstellungskosten vermindert um die AfA
        bzw. AfS für das laufende Wirtschaftsjahr
   b) In den Folgeperioden:
      - Letzter Bilanzansatz, der um die AfA bzw. AfS für das laufende
        Wirtschaftsjahr zu mindern ist
        Es gelten: - Pflicht zur Absetzung nach § 7 EStG
                   - Prinzip des uneingeschränkten (bzw. strengen)
                     Wertzusammenhangs:
                     Nach § 6 Abs. 1 Ziff. 1 S. 4 EStG "darf der
                     Bilanzansatz nicht über den letzten Bilanzansatz
                     hinausgehen", bzw. nach handelsrechtlichen
                     Vorschriften nicht über den letzten Bilanzansatz
                     abzüglich planmäßiger Abschreibungen für das
                     lfd. Wirtschaftsjahr hinausgehen.

2. Ansatz niedrigerer Werte

   a) In der derivativen Steuerbilanz: Abwertungspflicht
      - wenn in der Handelsbilanz eine Abwertung auf den "niedrigeren
        beizulegenden Wert" oder auf den steuerlich für zulässig
        gehaltenen Wert (z.B. Teilwert) erfolgt ist (vgl. § 5 Abs. 1
        EStG)

   b) In der originären Steuerbilanz: Abwertungswahlrecht
      - auf den niedrigeren Teilwert oder einen Zwischenwert
        (vgl. § 6 Abs. 1 Ziff. 1 Satz 2 EStG)
      - auf den niedrigeren, nach speziellen steuerrechtlichen
        Regelungen möglichen Wert (z.B. den sich nach § 7d Abs. 1
        EStG ergebenden Wert für Wirtschaftsgüter, die dem Umwelt-
        schutz dienen)

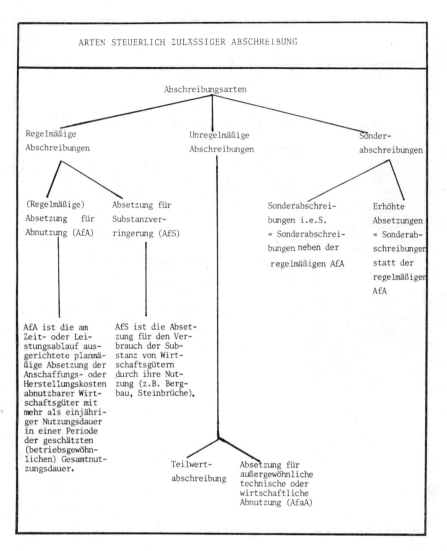

Abschreibungsarten

Regelmäßige Abschreibungen

Unregelmäßige Abschreibungen

Sonderabschreibungen

(Regelmäßige) Absetzung für Abnutzung (AfA)

Absetzung für Substanzverringerung (AfS)

Sonderabschreibungen i.e.S. = Sonderabschreibungen neben der regelmäßigen AfA

Erhöhte Absetzungen = Sonderabschreibungen statt der regelmäßigen AfA

AfA ist die am Zeit- oder Leistungsablauf ausgerichtete planmäßige Absetzung der Anschaffungs- oder Herstellungskosten abnutzbarer Wirtschaftsgüter mit mehr als einjähriger Nutzungsdauer in einer Periode der geschätzten (betriebsgewöhnlichen) Gesamtnutzungsdauer.

AfS ist die Absetzung für den Verbrauch der Substanz von Wirtschaftsgütern durch ihre Nutzung (z.B. Bergbau, Steinbrüche).

Teilwertabschreibung

Absetzung für außergewöhnliche technische oder wirtschaftliche Abnutzung (AfaA)

B 34

METHODEN DER REGELMÄSSIGEN AFA

AfA

Lineare AfA

Im Zeitablauf betrags-
mäßig gleichbleibende
Verteilung der An-
schaffungs- oder Her-
stellungskosten auf die
betriebsgewöhnliche
Nutzungsdauer
(§ 7 Abs. 1 Satz 1
EStG)

Leistungs-AfA

Der leistungsmäßigen Beanspruchung
entsprechende Verteilung der An-
schaffungs- oder Herstellungskosten
auf den Zeitraum der betriebsgewöhnlichen Gesamtleistung des Wirtschaftsguts (§ 7 Abs. 1 Satz 3 EStG)

Degressive AfA

Im Zeitablauf sich be-
tragsmäßig verringernde
Verteilung der An-
schaffungs- oder Her-
stellungskosten auf die
betriebsgewöhnliche
Nutzungsdauer (AfA in
fallenden Jahresbeträ-
gen, § 7 Abs. 2 EStG)

Geom.degressive(Buchwert-)AfA

Regelmethode nach § 7 Abs. 2
Satz 2 EStG: Ermittlung der
AfA durch Anwendung eines
gleichbleibenden Hundert-
satzes (Abschn. 43 Abs. 6
EStR) auf den jeweiligen
Buchwert (Restbuchwert)
des Wirtschaftsguts

Andere Formen degressiver AfA

Nach § 7 Abs. 2 Satz 3 EStG
i.V.m. § 11 a EStDV mögliche
abweichende Formen, insbes.
arithmetisch degressive AfA

Degressive Gebäude AfA

Die nach § 7 Abs. 5
EStG für Gebäude zu-
lässige degressive
AfA mit fallenden
Staffelsätzen

BEDINGUNGEN FÜR DIE STEUERLICHE ANERKENNUNG VON METHODEN
REGELMÄSSIGER AFA

a) Lineare AfA
   - stets zulässig (auch bei abweichendem Abnutzungsverlauf)

b) Leistungs-AfA
   - bewegliche Wirtschaftsgüter des Anlagevermögens und
   - Nachweis der wirtschaftlichen Begründung (z.B. Kraftfahrzeuge)
   - Nachweis des auf das einzelne Jahr entfallenden Leistungsumfangs

c) Degressive AfA
   - bewegliche Wirtschaftsgüter des Anlagevermögens bzw.
   - Gebäude

   (1) Geometrische degressive Abschreibung (§ 7 Abs. 2 Satz 2 EStG)
       - nur bei beweglichen Wirtschaftsgütern des Anlagevermögens
       - buchmäßiger Nachweis über die degressiv abgeschriebenen
         Wirtschaftsgüter (§ 11b EStDV)
       - Abschreibungsprozentsatz $\leq$ 30% und
       - Abschreibungsprozentsatz $\leq$ das 3-fache des höchstzulässigen
         linearen Satzes
       (beachte hierzu Abschn. 43 Abs. 6 EStR)

   (2) Andere Formen degressiver AfA (§ 7 Abs. 2 Satz 3 EStG)
       (Arithmetisch-degressive, insbesondere digitale Abschreibung)

       - nur bei beweglichen Wirtschaftsgütern des Anlagevermögens
       - buchmäßiger Nachweis über die degressiv abgeschriebenen
         Wirtschaftsgüter (§ 11b EStDV)
       - Abschreibungsbetrag im ersten Jahr der Nutzung $\leq$
         Abschreibungsbetrag bei geometrisch degressiver Abschreibung
         und
       - Σ Abschreibungsbeträge in den ersten drei Nutzungsjahren
         $\leq$ Σ Abschreibungsbeträge bei geometrisch degressiver
                Abschreibung in den ersten drei Nutzungsjahren

   (3) Degressive Gebäude AfA
       - inländische Gebäude, die vom Steuerpflichtigen hergestellt
         oder bis zum Ende des Jahres der Fertigstellung angeschafft
         worden sind
       - typisierter Verlauf nach § 7 Abs. 5 EStG:
         Bei Gebäuden, für die der Bauantrag nach dem 29.7.1981 ge-
         stellt wurde, können folgende Abschreibungsbeträge abgezogen
         werden:
         -- in den ersten 8 Jahren: 5 %   ⎫ der Anschaffungs-
         -- in den nächsten 6 Jahren: 2,5 %   ⎬ oder Herstellungs-
         -- in den restlichen 36 Jahren: 1,25%   ⎭ kosten

WECHSEL DER ABSCHREIBUNGSMETHODEN

Wechsel der Methoden	Steuerrechtliche Zulässigkeit
Lineare AfA → Andere Methoden	nicht zulässig (§ 7 Abs. 3 Satz 3 EStG)
Leistungs-AfA→ Lineare AfA	ohne Begründung zulässig
Degressive AfA → Lineare AfA	ohne Begründung zulässig (§ 7 Abs. 3 Satz 1 EStG)
Wechsel zwischen den degressiven AfA-Methoden	nicht zulässig (§ 11 a Abs. 2 EStDV)

TEILWERTABSCHREIBUNG UND AFAA

1. Teilwertabschreibungen

   = Erfassung von Wertminderungen durch den Ansatz des
   (niedrigeren) Teilwertes an Stelle des Regelbewertungs-
   maßstabes

2. Absetzungen für außergewöhnliche technische oder wirtschaftliche Abnutzung (AfaA)

   = Berücksichtigung von Wertverlusten infolge nicht vorhergese-
   hener Ereignisse und Veränderungen technischer oder wirtschaftlicher Art, die in der Regel die betriebsgewöhnliche
   Nutzungsdauer verkürzen
   - erfolgt zusätzlich zur planmäßigen Abschreibung
   - nur zulässig bei: -- Linearer AfA
                       -- Leistungs-AfA
                       -- Degressiver Gebäude AfA
   - nur im Jahr des Eintritts möglich
   - Begründung ist in jedem Einzelfall und für jedes Jahr
   erforderlich
   - Beispiele: -- technisch bedingt: Verschleiß, Brand
                -- wirtschaftlich bedingt: Verwendungsverfall durch
                                           technischen Fortschritt

3. Abgrenzung zwischen Teilwertabschreibung und AfaA

	Teilwertabschreibung	AfaA
Voraussetzung	Wert sinkt unter den Regelbewertungsmaßstab	Beeinträchtigung der Nutzung
Anwendungs-bereich	abnutzbare und nicht abnutzbare Wirtschafts-güter	nur bei abnutzbaren Wirt-schaftsgütern des Anlage-vermögens

SONDERABSCHREIBUNGEN

1. Kennzeichnung
   = Abschreibungen auf der Grundlage gesetzlicher, regelmäßig steuer-
   politisch begründeter Bewertungsfreiheiten
   → Sie dienen nicht dazu, den tatsächlichen Wertverzehr abnutzbarer Wirtschaftsgüter zu erfassen, sondern verlagern unter
   Bildung stiller Reserven die Verrechnung betrieblicher Aufwendungen zeitlich vor.

2. Arten
   a) *Sonderabschreibungen, die neben den regelmäßigen Abschreibungen
      erfolgen können (Sonderabschreibungen i.e.S.)*
      Beispiele: - Bewertungsfreiheiten für bestimmte Anlagegüter
                   im Kohle- und Erzbergbau (§ 81 EStDV)
                 - Bewertungsfreiheit für Anlagen zur Verhinderung,
                   Beseitigung oder Verringerung der Verunreinigung
                   der Luft (§ 82 EStDV)

   b) *Sonderabschreibungen, die statt der regelmäßigen Abschreibungen
      erfolgen können (Erhöhte Abschreibungen)*
      (1) Abschreibung geringwertiger Anlagegüter
          Merkmale nach § 6 Abs. 2 EStG:
          - abnutzbare bewegliche Wirtschaftsgüter des Anlagevermögens
          - selbständige Bewertungs- und Nutzungsfähigkeit
          - Abschreibung in voller Höhe
          - Abschreibung im Jahre der Anschaffung bzw. Herstellung
          - AK oder HK (./. Vorsteuerbetrag) $\leq$ 800,- DM
          - Nachweis durch Buchführung oder Verzeichnis

      (2) Sonstige erhöhte Absetzungen
          Beispiele: - Erhöhte Absetzungen für abnutzbare Wirtschafts-
                       güter des Anlagevermögens nach § 14 BerlinFG
                     - Erhöhte Absetzungen für Wirtschaftsgüter, die
                       dem Umweltschutz dienen, nach § 7d EStG

1. Wertobergrenze

       Anschaffungs- bzw. Herstellungskosten
       Es gelten nicht: - Pflicht zur Absetzung nach § 7 EStG
                    - Prinzip des strengen Wertzusammen-
                      hangs (vgl. § 6 Abs. 1 Ziff. 2
                      Satz 3 EStG)

2. Ansatz niedrigerer Werte

    a) In der derivativen Steuerbilanz: Abwertungspflicht
      - wenn in der Handelsbilanz eine Abwertung
      -- auf den "niedrigeren beizulegenden Wert" oder
      -- auf den steuerlich für zulässig gehaltenen Wert
         (z.B. Teilwert) erfolgt ist (vgl. § 5 Abs. 1 EStG)

    b) In der originären Steuerbilanz: Abwertungswahlrecht
      - auf den niedrigeren Teilwert oder einen Zwischenwert
        (Vgl. § 6 Abs. 1 Ziff. 2 Satz 2 EStG)
      - auf den niedrigeren, nach speziellen steuerrechtlichen
        Regelungen möglichen Wert (z.B. den sich nach § 6 b Abs. 1
        EStG ergebenden Wert für Wirtschaftsgüter aus einer
        Ersatzbeschaffung)

WERTANSÄTZE FÜR WIRTSCHAFTSGÜTER DES UMLAUFVERMÖGENS

1. Wertobergrenze

    Anschaffungs- bzw. Herstellungskosten
    Es gelten nicht: - Pflicht zur Absetzung nach § 7 EStG
                  - Prinzip des strengen Wertzusammenhangs
                    (vgl. § 6 Abs. 1 Ziff. 2 Satz 3 EStG)

2. Ansatz niedrigerer Werte

    a) In der derivativen Steuerbilanz: Abwertungspflicht
      - wenn in der Handelsbilanz eine Abwertung auf den
        -- niedrigeren "Börsen- oder Marktpreis",
        -- den niedrigeren "beizulegenden Wert",
        -- den niedrigeren "Zukunftswert" (mit zeitlicher
           Einschränkung) oder
        -- auf den steuerlich für zulässig gehaltenen
           Wert (z.B. Teilwert)
      erfolgt ist (vgl. § 5 Abs. 1 EStG)

    b) In der originären Steuerbilanz: Abwertungswahlrecht
      - auf den niedrigeren Teilwert oder einen Zwischenwert
        (vgl. § 6 Abs. 1 Ziff. 2 Satz 2 EStG)
      - auf den niedrigeren nach speziellen steuerrechtlichen
        Regelungen möglichen Wert (z.B. den sich nach § 80 EStDV
        (Importwarenabschlag) ergebenden Wert)

1. Wertuntergrenze

    Anschaffungskosten (Nennbetrag, Rückzahlungsbetrag)

        beachte: Ein Unterschiedsbetrag zwischen Rückzahlungs-
               und Verfügungsbetrag (Agio oder Disagio) muß
               als Rechnungsabgrenzungsposten aktiviert und
               über die Laufzeit des Kredites verteilt werden
               (vgl. § 5 Abs. 4 Nr. 1 EStG i.V.m.
               Abschn. 37 Abs. 3 EStR)

2. Ansatz höherer Werte

    a) In der derivativen Steuerbilanz: Aufwertungspflicht
       - wenn in der Handelsbilanz eine Aufwertung für
       Verbindlichkeiten erfolgt ist
       (vgl. § 5 Abs. 1 EStG)

    b) In der originären Steuerbilanz: Aufwertungswahlrecht
       - auf den höheren Teilwert oder einen
       Zwischenwert
       (vgl. § 6 Abs. 1 Ziff. 3 EStG i.V.m.
       § 6 Abs. 1 Ziff. 2 Satz 2 EStG)

Wirtschaftsgüter	Bewertungsgrundsatz	Abweichungsmöglichkeit	Bewertungswahlrecht oder Zwang zur Abweichung	Bewertungshöchstgrenze (bei Schulden Bewertungsmindestgrenze)	Grundsatz des Wertzusammenhangs (Werterhöhungsverbot)
Abnutzbares Anlagevermögen	Anschaffungs- oder Herstellungskosten ./. Absetzungen nach § 7 EStG	-Niedrigerer Teilwert oder Zwischenwert -niedrigerer nach spez. steuerrechtl. Regelungen möglicher Wert	Wahlrecht (Einschränkung lediglich durch das Maßgeblichkeitsprinzip -MGP-)	Letzter Bilanzansatz, der um AFA für das laufende Wirtschaftsjahr zu mindern ist	Uneingeschränkt
Nicht abnutzbares Anlagevermögen	Anschaffungs- oder Herstellungskosten	-Niedrigerer Teilwert oder Zwischenwert -niedrigerer nach spez. steuerrechtl. Regelungen möglicher Wert	Wahlrecht (Einschränkung durch MGP)	Anschaffungs- oder Herstellungskosten	Eingeschränkt (zulässig ist die Rückgängigmachung einer früheren Teilwertabschreibung bei wieder gestiegenem Teilwert)
Umlaufvermögen	Anschaffungs- oder Herstellungskosten	-Niedrigerer Teilwert oder Zwischenwert -niedrigerer nach spez. steuerrechtl. Regelungen möglicher Wert	Wahlrecht (Einschränkung durch MGP)	Anschaffungs- oder Herstellungskosten	Eingeschränkt (wie beim nicht abnutzbaren Anlagevermögen)
Verbindlichkeiten	Anschaffungskosten	Höherer Teilwert oder Zwischenwert	Wahlrecht (Einschränkung durch MGP)	Anschaffungskosten	Eingeschränkt (zulässig ist die Rückgängigmachung einer früheren Teilwertzuschreibung bei wieder gesunkenem Teilwert)

WESENTLICHE UNTERSCHIEDE ZWISCHEN HANDELS- UND STEUERBILANZ

		Handelsbilanz	Steuerbilanz
Bilanzierungsunterschiede	Entgeltlich erworbene immaterielle Anlagegüter	Aktivierungswahlrecht	Aktivierungspflicht
	Derivativer Firmenwert	Aktivierungswahlrecht	Aktivierungspflicht
	Verschmelzungsmehrwert	Aktivierungswahlrecht	Aktivierungspflicht
	Ingangsetzungskosten des Geschäftsbetriebs	Aktivierungswahlrecht	i.d.R. Aktivierungsverbot (BFH v. 28.1.1954 u. 14.6.1955, BdF-Schreiben v. 27.4.1970)
	Disagio (Damnum)	Aktivierungswahlrecht	Aktivierungspflicht
	Pensionsrückstellungen	Passivierungswahlrecht	Passivierungswahlrecht
	Rückstellungen für unterlassene Instandhaltungen	Passivierungswahlrecht	Passivierungswahlrecht, jedoch mit strengeren Anforderungen
Bewertungsunterschiede	Herstellungskosten	Wahlrecht hinsichtlich der Berücksichtigung fixer Material- und Fertigungsgemeinkosten	Berücksichtigungspflicht für Material- und Fertigungsgemeinkosten
	Derivativer Firmenwert	Planmäßige Abschreibung muß erfolgen	AfA dürfen nicht erfolgen
	Planmäßige Abschreibungen (AfA)	Degressive Abschreibungen sind im Rahmen der GoB möglich	Degressive Abschreibungen sind im Rahmen des § 7 Abs.2 und 5 EStG möglich
	Prinzip des Wertzusammenhangs	Bei allen Wirtschaftsgütern gilt der eingeschränkte Wertzusammenhang	Bei abnutzbaren Anlagegütern gilt der uneingeschränkte Wertzusammenhang, ansonsten der eingeschränkte
	Bewertung des Umlaufvermögens mit dem niedrigeren Zukunftswert	Ein Zeitraum von 2 Jahren nach dem Bilanzstichtag kann berücksichtigt werden	Ein Zeitraum von 6 Wochen nach dem Bilanzstichtag kann berücksichtigt werden

ANWENDUNGSBEREICHE DER GEWINNERMITTLUNGSMETHODEN

Gewinnermittlungsmethoden / Einkunftsarten	§ 4 Abs. 1	§ 5	§ 4 Abs. 3	§ 13a
Land- und Forstwirte	steuerrechtlich nach § 141 Abs. 1 AO buchführungspflichtig — freiwillig buchführend (auf Antrag nach § 13a Abs. 1 Ziff. 1 EStG)	✕	freiwillig Betriebseinnahmen und -ausgaben aufzeichnend — Überschreitung der Grenzen gem. § 13a Abs. 1 EStG und weder buchführungspflichtig noch freiwillig buchführend (auf Antrag nach § 13a Abs. 2 Ziff. 1 EStG)	Erfüllung der Voraussetzungen gem. § 13a Abs. 1 EStG und kein Antrag nach § 13a Abs. 2 EStG
Gewerbetreibende	✕	nach § 140 AO buchführungspflichtig — steuerrechtlich nach § 141 Abs. 1 AO buchführungspflichtig — freiwillig buchführend	weder buchführungspflichtig noch freiwillig buchführend	✕
Selbständige	freiwillig buchführend	✕	nicht freiwillig buchführend	✕

Zweck:
- Erleichterung der Gewinnermittlung für bestimmte Personengruppen durch Verzicht auf die steuerliche Mindestbuchführung

Hauptanwendungsbereiche:
- Angehörige der freien Berufe (z.B. Ärzte, Rechtsanwälte, Steuerberater)
- Kleingewerbetreibende

Durchführung der Gewinnermittlung:
a) Grundsatz:
- betriebliche Einnahmen-Ausgaben-Rechnung (Zufluß-Abfluß-Prinzip)

b) Ausnahmen:
- Ausgaben für die Anschaffung oder Herstellung abnutzbarer Anlagegüter, deren Nutzung sich auf einen Zeitraum von mehr als einem Jahr erstreckt, können nur anteilig als AfA-Beträge abgesetzt werden.
- Ausgaben für die Anschaffung oder Herstellung von nicht abnutzbaren Anlagegütern sind erst im Zeitpunkt der Veräußerung oder Entnahme als Betriebsausgaben zu berücksichtigen.
- Betriebseinnahmen und Betriebsausgaben, die im Namen und für Rechnung eines anderen vereinnahmt und verausgabt werden (durchlaufende Posten), werden nicht erfaßt.
- Regelmäßig wiederkehrende Betriebseinnahmen und Betriebsausgaben kurze Zeit vor Beginn oder nach Ende eines Kalenderjahres sind **dem Jahr zuzurechnen, zu dem sie wirtschaftlich gehören** (Vgl. § 11 EStG).

Wirkungen:
Die Gewinne der Überschußrechnung differieren im Verhältnis zum Betriebsvermögensvergleich nur durch Gewinnverlagerungen, die spätestens bei der Aufgabe oder Veräußerung des Betriebs oder beim Übergang zum Bestandsvergleich ausgeglichen werden. Auf Dauer gesehen muß die Überschußrechnung den gleichen Totalgewinn wie der Betriebsvermögensvergleich des § 4 Abs. 1 EStG ergeben (Grundsatz der Gesamtgewinngleichheit).

ERMITTLUNG DES ÜBERSCHUSSES DER EINNAHMEN ÜBER DIE
WERBUNGSKOSTEN

Einnahmen

= alle Güter, die in Geld oder Geldeswert bestehen und
dem Steuerpflichtigen im Rahmen einer der Einkunftsarten
des § 2 Abs. 1 Ziff.4-7 EStG zufließen (§ 8 Abs. 1 EStG).

Einnahmen, die nicht in Geld bestehen (Geldwerte Vorteile),
sind mit den üblichen Mittelpreisen des Verbrauchsorts
anzusetzen (vgl. § 8 Abs. 2 Satz 1 EStG).

./. Werbungs-
kosten

= Aufwendungen zur Erwerbung, Sicherung und Erhaltung der
Einnahmen. Sie sind bei der Einkunftsart abzuziehen, bei
der sie erwachsen sind (§ 9 Abs. 1 EStG).

§ 9 Abs. 1 EStG führt exemplarisch Werbungskosten auf
(Katalogwerbungskosten), die ohne weitere Prüfung als
solche anerkannt werden.

Für Werbungskosten sind die Pauschbeträge nach § 9 a
EStG anzusetzen, wenn nicht höhere Werbungskosten
nachgewiesen werden.

./. Freibeträge

= Einkünfte aus einer Überschuß-
einkunftsart

B 47

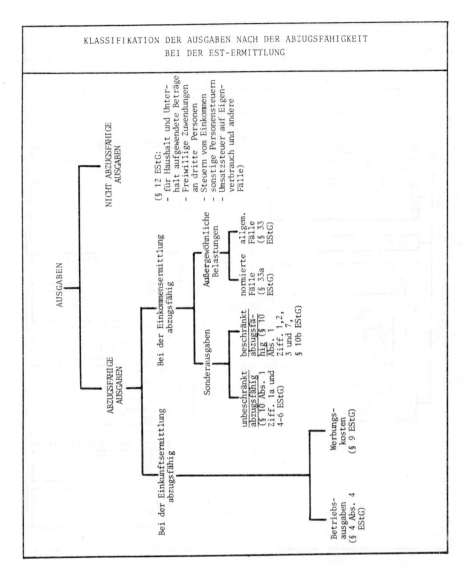

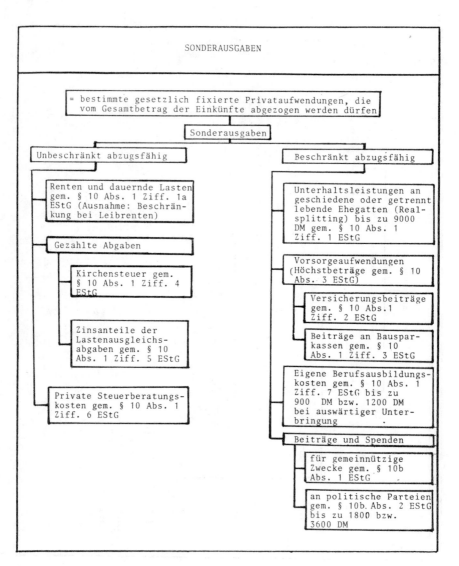

SONDERAUSGABEN

= bestimmte gesetzlich fixierte Privataufwendungen, die
vom Gesamtbetrag der Einkünfte abgezogen werden dürfen

Sonderausgaben

Unbeschränkt abzugsfähig

Renten und dauernde Lasten
gem. § 10 Abs. 1 Ziff. 1a
EStG (Ausnahme: Beschrän-
kung bei Leibrenten)

Gezahlte Abgaben

Kirchensteuer gem.
§ 10 Abs. 1 Ziff. 4
EStG

Zinsanteile der
Lastenausgleichs-
abgaben gem. § 10
Abs. 1 Ziff. 5 EStG

Private Steuerberatungs-
kosten gem. § 10 Abs. 1
Ziff. 6 EStG

Beschränkt abzugsfähig

Unterhaltsleistungen an
geschiedene oder getrennt
lebende Ehegatten (Real-
splitting) bis zu 9000
DM gem. § 10 Abs. 1
Ziff. 1 EStG

Vorsorgeaufwendungen
(Höchstbeträge gem. § 10
Abs. 3 EStG)

Versicherungsbeiträge
gem. § 10 Abs. 1
Ziff. 2 EStG

Beiträge an Bauspar-
kassen gem. § 10
Abs. 1 Ziff. 3 EStG

Eigene Berufsausbildungs-
kosten gem. § 10 Abs. 1
Ziff. 7 EStG bis zu
900 DM bzw. 1200 DM
bei auswärtiger Unter-
bringung .

Beiträge und Spenden

für gemeinnützige
Zwecke gem. § 10b
Abs. 1 EStG .

an politische Parteien
gem. § 10b. Abs. 2 EStG
bis zu 1800 bzw.
3600 DM

AUSSERGEWÖHNLICHE BELASTUNGEN

= zwangsläufig erwachsende größere Aufwendungen
eines Steuerpflichtigen, die bei der über-
wiegenden Mehrzahl der Steuerpflichtigen
gleicher Einkommensverhältnisse, gleicher Ver-
mögensverhältnisse und gleichen Familien-
standes nicht anfallen (vgl. § 33 Abs. 1 EStG)

Außergewöhnliche Belastungen

Allgemeine Fälle
nach § 33 EStG
(Beispiele:
- Krankheitskosten
- Brand- oder
  Unwetterschaden)

Normierte Fälle
nach §§ 33a, b EStG

Unterhaltsleistungen an Personen, für die kein Anspruch
auf Kindergeld besteht, gem.
§ 33 a Abs. 1 EStG

Die Aufwendungen
können nur insoweit
als außergewöhn-
liche Belastungen
abgezogen werden,
als sie die dem
Steuerpflichtigen
gem. § 33 Abs. 3
EStG zumutbare Be-
lastung übersteigen.

Unterhaltsverpflichtungen
für ein Kind, das dem anderen
Elternteil zuzurechnen ist
→ auf Antrag 600 DM
(§ 33 a Abs. 1a EStG)

Ausbildungsfreibeträge für
Kinder gem. § 33 a Abs. 2
EStG

Aufwendungen für Haushalts-
hilfe, Heimunterbringung oder
Unterbringung zur dauernden
Pflege gem. § 33a Abs. 3 EStG

Pauschbeträge für Körperbehin-
derte und Hinterbliebene gem.
§ 33b EStG

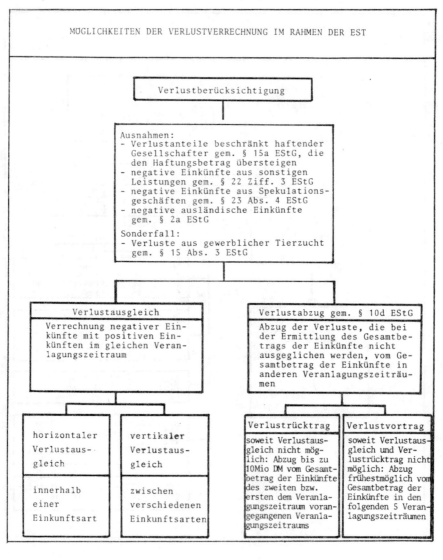

Verlustberücksichtigung

Ausnahmen:
- Verlustanteile beschränkt haftender
  Gesellschafter gem. § 15a EStG, die
  den Haftungsbetrag übersteigen
- negative Einkünfte aus sonstigen
  Leistungen gem. § 22 Ziff. 3 EStG
- negative Einkünfte aus Spekulationsgeschäften gem. § 23 Abs. 4 EStG
- negative ausländische Einkünfte
  gem. § 2a EStG

Sonderfall:
- Verluste aus gewerblicher Tierzucht
  gem. § 15 Abs. 3 EStG

Verlustausgleich

Verrechnung negativer Einkünfte mit positiven Ein-
künften im gleichen Veranlagungszeitraum

Verlustabzug gem. § 10d EStG

Abzug der Verluste, die bei
der Ermittlung des Gesamtbe-
trags der Einkünfte nicht
ausgeglichen werden, vom Gesamtbetrag der Einkünfte in
anderen Veranlagungszeiträumen

horizontaler
Verlustaus-
gleich

innerhalb
einer
Einkunftsart

vertikaler
Verlustaus-
gleich

zwischen
verschiedenen
Einkunftsarten

Verlustrücktrag

soweit Verlustaus-
gleich nicht mög-
lich: Abzug bis zu
10Mio DM vom Gesamt-
betrag der Einkünfte
des zweiten bzw.
ersten dem Veranla-
gungszeitraum voran-
gegangenen Veranla-
gungszeitraums

Verlustvortrag

soweit Verlustaus-
gleich und Ver-
lustrücktrag nicht
möglich: Abzug
frühestmöglich vom
Gesamtbetrag der
Einkünfte in den
folgenden 5 Veran-
lagungszeiträumen

B 51

1. Anwendungsformen

   a) Grundtarif
      - funktionale Beziehung zwischen tariflicher Einkommensteuer
        und zu versteuerndem Einkommen gem. § 32a Abs. 1 und 2 EStG

   b) Splittingtarif
      - ergibt sich aus dem Grundtarif unter Anwendung des Splitting-
        Verfahrens:
        Bei Zusammenveranlagung beträgt die tarifliche ESt das Zwei-
        fache des Steuerbetrages, der sich für die Hälfte des gemein-
        sam zu versteuernden Einkommens ergibt (§ 32a Abs. 5 EStG).

      Ausnahmen vom Normaltarif (Grund- oder Splittingtarif):
      - Ermäßigte Steuersätze für außerordentliche Einkünfte nach
        §§ 34, 34b EStG und spezielle ausländische Einkünfte gem.
        § 34c Abs. 4 EStG

2. Struktur

   - 5 Zonen mit insgesamt progressivem Tarifverlauf

	Zu versteuerndes Einkommen bei Zonenanfang		
	Grundtarif	Splittingtarif	Grenzsteuersatz
1. Grundfreibetrag	0 DM	0 DM	0 %
2. Proportionalzone I	4.213 DM	8.426 DM	22 %
3. Progressionszone I	18.001 DM	36.002 DM	22 - 50,3%
4. Progressionszone II	60.000 DM	120.000 DM	50,3 - 56 %
5. Proportionalzone II	130.000 DM	260.000 DM	56 %

3. Wirkungen der Tarifprogression

   - stärkere Belastung höherer Einkommen
   - "heimliche" Steuererhöhung bei fehlender Anpassung des Tarifs
     an die Geldentwertung

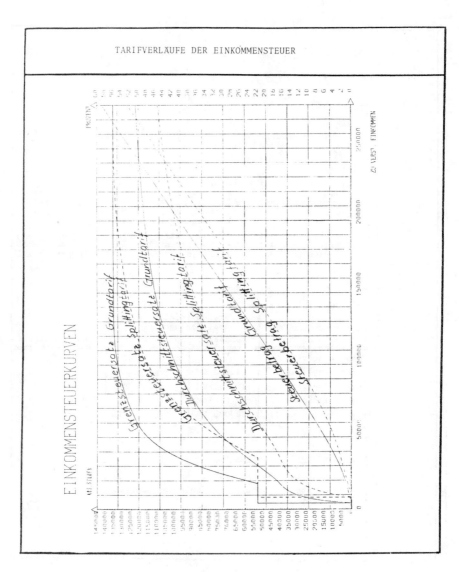

EINKOMMENSTEUERKURVEN

B 53

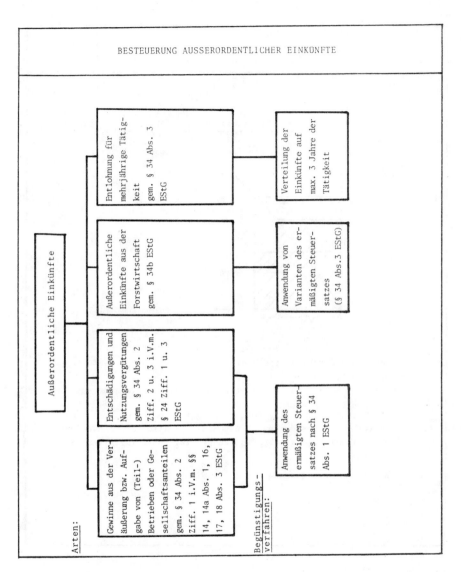

BESTEUERUNG AUSSERORDENTLICHER EINKÜNFTE

Außerordentliche Einkünfte

Arten:

Gewinne aus der Veräußerung bzw. Aufgabe von (Teil-) Betrieben oder Gesellschaftsanteilen gem. § 34 Abs. 2 Ziff. 1 i.V.m. §§ 14, 14a Abs. 1, 16, 17, 18 Abs. 3 EStG

Entschädigungen und Nutzungsvergütungen gem. § 34 Abs. 2 Ziff. 2 u. 3 i.V.m. § 24 Ziff. 1 u. 3 EStG

Außerordentliche Einkünfte aus der Forstwirtschaft gem. § 34b EStG

Entlohnung für mehrjährige Tätigkeit gem. § 34 Abs. 3 EStG

Begünstigungs-verfahren:

Anwendung des ermäßigten Steuersatzes nach § 34 Abs. 1 EStG

Anwendung von Varianten des ermäßigten Steuersatzes (§ 34 Abs.3 EStG)

Verteilung der Einkünfte auf max. 3 Jahre der Tätigkeit

B 54

ANWENDUNG DES ERMÄSSIGTEN STEUERSATZES NACH § 34 ABS. 1 ESTG

Rechtsgrundlage:

§ 34 Abs. 1 EStG

"... der ermäßigte Steuersatz beträgt die Hälfte des durchschnittlichen Steuersatzes, der sich ergeben würde, wenn die tarifliche Einkommensteuer nach dem gesamten zu versteuernden Einkommen zuzüglich der... freigestellten ausländischen Einkünfte zu bemessen wäre. Auf das restliche zu versteuernde Einkommen ist... die Einkommensteuertabelle anzuwenden."

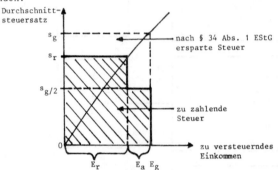

Berechnungsschritte:

1. Bestimmung des Durchschnittsteuersatzes (s_g) für das gesamte zu versteuernde Einkommen (E_g)

2. Anwendung des halben Durchschnittsteuersatzes auf die außerordentlichen Einkünfte (E_a)

$$ESt_a = 1/2*s_g*E_a$$

3. Das restliche zu versteuernde Einkommen (E_r) wird durch Anwendung des Durchschnittsteuersatzes des Grund- bzw. Splittingtarifs (s_r) besteuert:

$$ESt = s_r*E_r$$

4. Die gesamte Steuerbelastung beträgt somit:

$$ESt_g = ESt_a + ESt_r = 1/2*s_g*E_a + s_r*E_r$$

B 55

STEUERERMÄSSIGUNGEN

Steuerermäßigung bei ausländischen
Einkünften gem. § 34c EStG

Anrechnung der ausländischen (Einkommen-)Steuer auf die deutsche
Einkommensteuer, wenn kein Doppelbesteuerungsabkommen besteht
(§ 34c Abs. 1 EStG)

Steuerermäßigung bei Einkünften aus Land- und
Forstwirtschaft gem. § 34e EStG bis max.
2.000 DM bzw. 4.000 DM

Steuerermäßigung für Steuerpflichtige mit zwei
und mehr Kindern bei Inanspruchnahme erhöhter
Absetzungen nach § 7b gem. § 34f EStG

Steuerermäßigung bei Erbschaftsteuerbelastung
gem. § 35 EStG

Steuerermäßigung aufgrund anderer Gesetze

Steuerermäßigung für Einkünfte aus Westberlin nach §§ 21, 22
BerlinFG um 30%

Steuerermäßigung für bestimmte Darlehen nach §§ 16, 17 BerlinFG

Steuerermäßigung für Arbeitgeber um 15% der Summe der vermögenswirk-
samen Leistungen, höchstens aber um insgesamt 3.000 DM, nach § 14 des
3. VermBG

Steuerermäßigung für freie Erfinder, nach § 4 Ziff. 3 der Verordnung
über die einkommensteuerliche Behandlung der freien Erfinder

Anrechnung ausländischer Steuern nach § 12 AStG

1. Kennzeichnung der Kapitalertragsteuer

Besondere Erhebungsform der ESt:
- die ESt auf inländische Kapitalerträge, wird bereits durch die Unternehmung abgeführt,
- die die Erträge ausschüttet

2. Formen der Kapitalertragsteuer

	"eigentliche" Kapitalertragsteuer	Kuponsteuer "neuer Art"	Kuponsteuer "alter Art"
Gesetzesgrundlage	§ 43 Abs. 1 Ziff. 1-4,7-8 EStG	§ 43 Abs. 1 Ziff. 6 EStG i.V.m. dem Kuponsteuergesetz vom 25.3.1965	§ 43 Abs.1 Ziff. 5 EStG i.V.m. dem ersten Gesetz zur Förderung des Kapitalmarktes
Besteuerungsobjekt	-Dividenden und sonstige Bezüge aus Aktien u.ä. -Einkünfte aus einer Beteiligung als typischer stiller Gesellschafter -Zinsen aus best. Teilschuldverschreibungen -sonstige gem. § 43Abs. 1 Ziff. 1-4,7-8 EStG	Zinsen aus best. Anleihen und Forderungen, die in ein öffentl. Schuldbuch eingetragen oder über die Teilschuldverschreibungen ausgegeben sind	Bestimmte Zinsen aus 1952-1954 emittierten festverzinslichen Wertpapieren
Höhe des Steuerabzugs	25% der Brutto-Kapitalerträge	25% der Brutto-Kapitalerträge	30% der Brutto-Kapitalerträge
Wirkung	- Erhöhung der Einkünfte aus Kapitalvermögen - wie EStG-Vorauszahlung	- Erhöhung der Einkünfte aus Kapitalvermögen - wie EStG-Vorauszahlung	Abgeltungswirkung: - bei höherem persönl. Steuersatz erfolgt keine Nachversteuerung - auf Antrag des Steuerpflichtigen kann eine Anrechnung erfolgen (§ 46a EStG)

DAS LOHNSTEUERABZUGSVERFAHREN

Feststellung der Besteuerungsgrundlagen
auf der Lohnsteuerkarte:
- Persönliche Daten
- Steuerklasse
- Freibetrag

Berechnung der Lohnsteuer durch den Arbeitgeber anhand
- des Arbeitslohnes,
- der Daten der Lohnsteuerkarte und
- der Lohnsteuertabellen

Einbehaltung und Abführung
der Lohnsteuer durch den
Arbeitgeber

Durchführung des Lohnsteuer-
Jahresausgleichs:
Berechnung der Jahreslohnsteuer

B 58

DER LOHNSTEUER-JAHRESAUSGLEICH

Lohnsteuer-Jahresausgleich

Formen:

intern	extern
durch den Arbeitgeber zum 31.12. gem. § 42b EStG	durch das Finanzamt auf Antrag des Steuerpflichtigen gem. § 42 Abs. 2-5 EStG

Möglichkeit/Pflicht:

- Der Arbeitgeber ist zur Durchführung verpflichtet, wenn er am 31.12. des Ausgleichsjahres mindestens 10 Arbeitnehmer beschäftigt.
- Er ist zur Durchführung berechtigt für unbeschränkt ESt-pflichtige Arbeitnehmer, die während des Ausgleichsjahres ständig in einem Dienstverhältnis gestanden haben (§ 42b Abs. 1 EStG).

Der Lohnsteuer-Jahresausgleich wird auf Antrag des Arbeitnehmers vom Wohnsitz-Finanzamt durchgeführt (§ 42 Abs. 2 i.V.m. § 42c Abs. 2 EStG).

Durchführung:

- Anwendung der Jahreslohnsteuertabelle auf die Summe der Bruttoentgelte
- Der aus Lohnschwankungen resultierende Differenzbetrag zwischen gezahlter Lohnsteuer und der Jahreslohnsteuer wird mit dem Restarbeitslohn verrechnet oder vom Arbeitgeber erstattet (§ 42b Abs. 2 EStG).

- Feststellung des Jahresarbeitslohns aus sämtlichen Dienstverhältnissen des Arbeitnehmers unter Berücksichtigung von zusätzlich nachgewiesenen Abzugsbeträgen oder sich durch Änderungen in der LSt-Karte ergebenden Differenzbeträgen
- Das Finanzamt hat dem Arbeitnehmer den Unterschiedsbetrag zwischen ermittelter Jahreslohnsteuer und bisher erhobener Lohnsteuer zu erstatten (§ 42 Abs. 4 EStG).

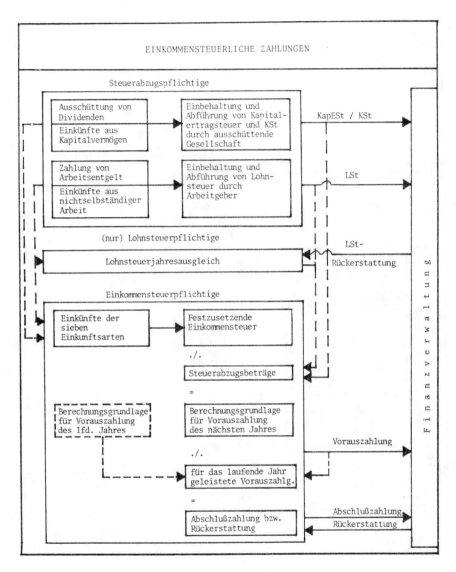

EINKOMMENSTEUERLICHE ZAHLUNGEN

Steuerabzugspflichtige

| Ausschüttung von Dividenden / Einkünfte aus Kapitalvermögen | → | Einbehaltung und Abführung von Kapitalertragsteuer und KSt durch ausschüttende Gesellschaft | KapESt / KSt |

| Zahlung von Arbeitsentgelt / Einkünfte aus nichtselbständiger Arbeit | → | Einbehaltung und Abführung von Lohnsteuer durch Arbeitgeber | LSt |

(nur) Lohnsteuerpflichtige

Lohnsteuerjahresausgleich — LSt-Rückerstattung

Einkommensteuerpflichtige

Einkünfte der sieben Einkunftsarten → Festzusetzende Einkommensteuer

./.

Steuerabzugsbeträge

=

Berechnungsgrundlage für Vorauszahlung des lfd. Jahres | Berechnungsgrundlage für Vorauszahlung des nächsten Jahres — Vorauszahlung

./.

für das laufende Jahr geleistete Vorauszahlg.

=

Abschlußzahlung bzw. Rückerstattung — Abschlußzahlung, Rückerstattung

Finanzverwaltung

B 60

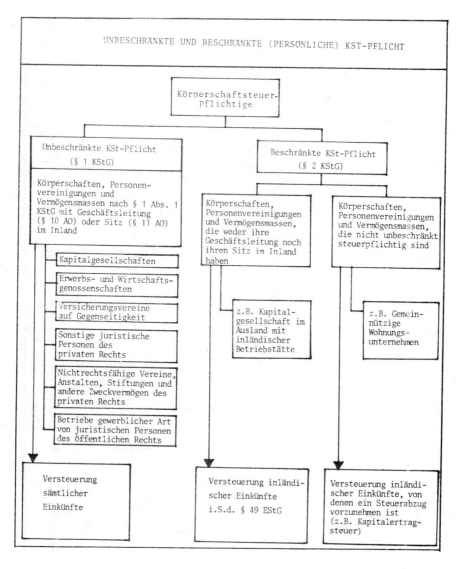

UNBESCHRÄNKTE UND BESCHRÄNKTE (PERSÖNLICHE) KST-PFLICHT

Körperschaftsteuer-Pflichtige

Unbeschränkte KSt-Pflicht
(§ 1 KStG)

Körperschaften, Personenvereinigungen und Vermögensmassen nach § 1 Abs. 1 KStG mit Geschäftsleitung (§ 10 AO) oder Sitz (§ 11 AO) im Inland

- Kapitalgesellschaften
- Erwerbs- und Wirtschaftsgenossenschaften
- Versicherungsvereine auf Gegenseitigkeit
- Sonstige juristische Personen des privaten Rechts
- Nichtrechtsfähige Vereine, Anstalten, Stiftungen und andere Zweckvermögen des privaten Rechts
- Betriebe gewerblicher Art von juristischen Personen des öffentlichen Rechts

Versteuerung sämtlicher Einkünfte

Beschränkte KSt-Pflicht
(§ 2 KStG)

Körperschaften, Personenvereinigungen und Vermögensmassen, die weder ihre Geschäftsleitung noch ihren Sitz im Inland haben

z.B. Kapitalgesellschaft im Ausland mit inländischer Betriebstätte

Versteuerung inländischer Einkünfte i.S.d. § 49 EStG

Körperschaften, Personenvereinigungen und Vermögensmassen, die nicht unbeschränkt steuerpflichtig sind

z.B. Gemeinnützige Wohnungsunternehmen

Versteuerung inländischer Einkünfte, von denen ein Steuerabzug vorzunehmen ist (z.B. Kapitalertragsteuer)

C 1

VEREINFACHTES SCHEMA DER KST-ERMITTLUNG FÜR KAPITALGESELLSCHAFTEN

Einkommensermittlung

Einkommensteuerliches Bilanzergebnis
± Korrekturen wg. Vorgängen aus dem
  Gesellschafter-/Gesellschaftverhältnis
+ Nichtabziehbare Aufwendungen
- Abziehbare Erträge
- Gewinnanteile der persönlich haftenden
  Gesellschafter einer KGaA

= Einkommen vor Verlustabzug
./. Verlustabzug

= Körperschaftsteuerliches Einkommen

Tarifmäßige Körperschaftsteuer
(ggf. Null wg. KSt-Befreiung)

Körperschaftsteuerliche Nebenrechnung

Zuordnung zum "verwendbaren
Eigenkapital" je nach Tarifbelastung

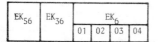

EK_{56}	EK_{36}	EK_6			
		01	02	03	04

Entnahme von verwendbarem Eigenkapital
wg. Ausschüttung

- KSt-Minderung
+ KSt-Erhöhung

Festzusetzende KSt-Schuld
bzw. -Erstattung
- Vorauszahlungen, anzurechnende
  KapESt, KSt und ausländische Steuer

= Abschlußzahlung oder Erstattung
================================

C 2

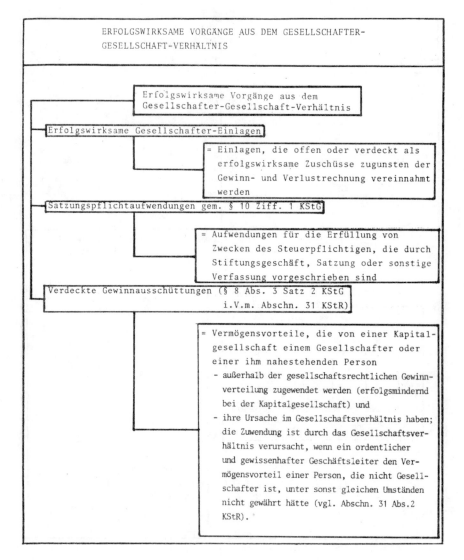

ERFOLGSWIRKSAME VORGÄNGE AUS DEM GESELLSCHAFTER-
GESELLSCHAFT-VERHÄLTNIS

Erfolgswirksame Vorgänge aus dem
Gesellschafter-Gesellschaft-Verhältnis

Erfolgswirksame Gesellschafter-Einlagen

= Einlagen, die offen oder verdeckt als
  erfolgswirksame Zuschüsse zugunsten der
  Gewinn- und Verlustrechnung vereinnahmt
  werden

Satzungspflichtaufwendungen gem. § 10 Ziff. 1 KStG

= Aufwendungen für die Erfüllung von
  Zwecken des Steuerpflichtigen, die durch
  Stiftungsgeschäft, Satzung oder sonstige
  Verfassung vorgeschrieben sind

Verdeckte Gewinnausschüttungen (§ 8 Abs. 3 Satz 2 KStG
                               i.V.m. Abschn. 31 KStR)

= Vermögensvorteile, die von einer Kapitalgesellschaft einem Gesellschafter oder
  einer ihm nahestehenden Person
  - außerhalb der gesellschaftsrechtlichen Gewinn-
    verteilung zugewendet werden (erfolgsmindernd
    bei der Kapitalgesellschaft) und
  - ihre Ursache im Gesellschaftsverhältnis haben;
    die Zuwendung ist durch das Gesellschaftsver-
    hältnis verursacht, wenn ein ordentlicher
    und gewissenhafter Geschäftsleiter den Ver-
    mögensvorteil einer Person, die nicht Gesell-
    schafter ist, unter sonst gleichen Umständen
    nicht gewährt hätte (vgl. Abschn. 31 Abs.2
    KStR).

C 3

Nichtabziehbare Aufwendungen

Nichtabziehbare Steueraufwendungen gem. § 10 Ziff. 2 KStG

Steuern vom Einkommen (z.B. KSt)

Sonstige Personensteuern (VSt, ErbSt)

Umsatzsteuer auf den Eigenverbrauch

Nichtabziehbare Spenden

Spenden dürfen bei Ermittlung des Einkommens nur
abgesetzt werden, soweit sie den steuerlich be-
günstigten Spendenzwecken entsprechen und die jeweiligen Abzugsgrenzen nicht überschreiten
(vgl. § 9 Ziff. 3 KStG).

Hälfte der Aufsichtsratsvergütungen gem. § 10 Ziff. 3 KStG

Nichtabziehbare Aufwendungen gem. § 8 Abs. 7 KStG

Besteht das Einkommen nur aus Einkünften, von denen
lediglich ein Steuerabzug vorzunehmen ist, so ist
ein Abzug von Betriebsausgaben oder Werbungskosten
nicht zulässig (z.B. Stückzinsen).

ABZIEHBARE ERTRÄGE

= Erträge, die bei der Ermittlung des zu versteuernden Einkommens i.S.v. § 7 Abs. 1 KStG abgezogen werden dürfen

Abziehbare Erträge

Steuerfreie Erträge

Nach § 8 Abs. 1 KStG gelten die ESt-lichen Vorschriften zu steuerfreien Einkünften auch für die der KSt unterliegenden Gesellschaften.

Beispiele:
- steuerfreie Sanierungsgewinne nach § 3 Ziff. 66 EStG
- steuerfreie Zinsen nach § 3 a EStG
- Investitionszulage nach § 19 Berlin FG

Erträge aus nichtabziehbaren Aufwendungen

Soweit frühere Aufwendungen, die nicht abziehbar waren, in nachfolgenden Jahren zu Erträgen führen, unterliegen diese Erträge nicht der KSt.

Beispiele:
- zurückerstattete Vermögensteuer
- die Hälfte der Erträge aus der Auflösung von Verbindlichkeiten bzw. Rückstellungen für Aufsichtsratsvergütungen

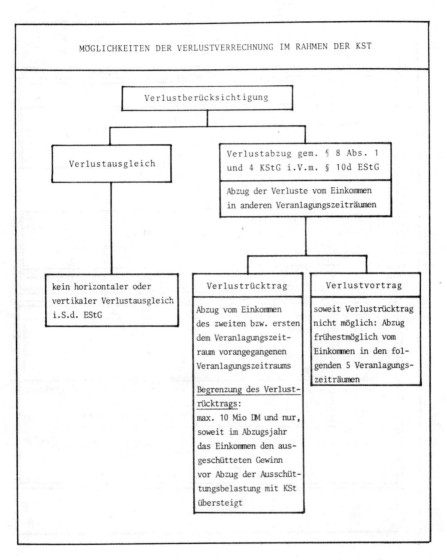

MÖGLICHKEITEN DER VERLUSTVERRECHNUNG IM RAHMEN DER KST

Verlustberücksichtigung

Verlustausgleich

Verlustabzug gem. § 8 Abs. 1
und 4 KStG i.V.m. § 10d EStG

Abzug der Verluste vom Einkommen
in anderen Veranlagungszeiträumen

kein horizontaler oder
vertikaler Verlustausgleich
i.S.d. EStG

Verlustrücktrag

Abzug vom Einkommen
des zweiten bzw. ersten
dem Veranlagungszeit-
raum vorangegangenen
Veranlagungszeitraums

Begrenzung des Verlust-
rücktrags:
max. 10 Mio DM und nur,
soweit im Abzugsjahr
das Einkommen den aus-
geschütteten Gewinn
vor Abzug der Ausschüt-
tungsbelastung mit KSt
übersteigt

Verlustvortrag

soweit Verlustrücktrag
nicht möglich: Abzug
frühestmöglich vom
Einkommen in den fol-
genden 5 Veranlagungs-
zeiträumen

C 6

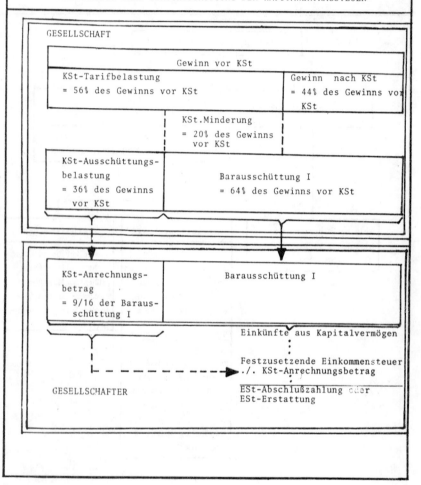

ÜBERBLICK ÜBER DIE FUNKTIONSWEISE DES ANRECHNUNGSVERFAHRENS
IM NORMALFALL OHNE BERÜCKSICHTIGUNG DER KAPITALERTRAGSTEUER

GESELLSCHAFT

Gewinn vor KSt

| KSt-Tarifbelastung = 56% des Gewinns vor KSt | Gewinn nach KSt = 44% des Gewinns vor KSt |

KSt.Minderung
= 20% des Gewinns
vor KSt

| KSt-Ausschüttungs-belastung = 36% des Gewinns vor KSt | Barausschüttung I = 64% des Gewinns vor KSt |

| KSt-Anrechnungs-betrag = 9/16 der Baraus-schüttung I | Barausschüttung I |

Einkünfte aus Kapitalvermögen

Festzusetzende Einkommensteuer
./. KSt-Anrechnungsbetrag

ESt-Abschlußzahlung oder
ESt-Erstattung

GESELLSCHAFTER

C 7

RECHNERISCHE DARSTELLUNG DES ANRECHNUNGSVERFAHRENS ANHAND
EINES VEREINFACHTEN BEISPIELS MIT KAPITALERTRAGSTEUER

Ebene der Gesellschaft:

	Auszuschüttender Gewinn vor KSt	100
./.	KSt (Ausschüttungsbelastung = 36 %)	36
=	Barausschüttung I	64
./.	KapESt (25 % der Barausschüttung I)	16
=	Barausschüttung II	48

Der Gesellschafter erhält von der Gesellschaft:

- Zahlung in Höhe der Barausschüttung II (= 48)
- Bescheinigungen der ausschüttenden Gesellschaft über
-- die Höhe der anrechenbaren KSt (§ 44 Abs. 1 KStG)
-- die Höhe der von der Gesellschaft abgeführten
KapESt (§ 45 a Abs. 2 EStG)

Ebene des Gesellschafters:

	Barausschüttung II	48
+	KapESt	16
=	Barausschüttung I	64
+	KSt-Anrechnungsbetrag (9/16 = 36/64 der Barausschüttung I)	36
=	Bruttodividende (als Einkünfte aus Kapitalvermögen der ESt zu unterwerfen)	100

Prämisse: Der Durchschnittssteuersatz des
Anteilseigners beträgt 40 %.

	ESt-Schuld	40
	darauf anzurechnen (vgl. § 36 Abs. 2 Ziff. 2,3 EStG):	
	- KapESt	16
	- KSt-Anrechnungsbetrag	36
→	ESt-Erstattung	12

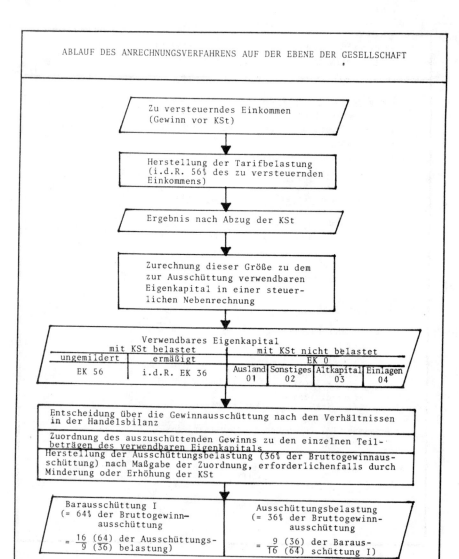

KENNZEICHNUNG UND ABLEITUNG DES VERWENDBAREN EIGENKAPITALS

Wesen: - Das verwendbare Eigenkapital ist eine Rechengröße

Aufgaben: - Dokumentation der körperschaftsteuerlichen Vorbelastung
            von Vermögensmehrungen
          - Grundlage für Steueränderungsrechnungen im Falle der
            Ausschüttung
          - Ermöglichung des intertemporalen Ausgleichs zwischen
            Ausschüttungen und Einkommen, da Ausschüttungen steuer-
            lich nicht der gleichen Einkommensperiode zugerechnet
            werden müssen.

Ableitung:

Steuerbilanz *

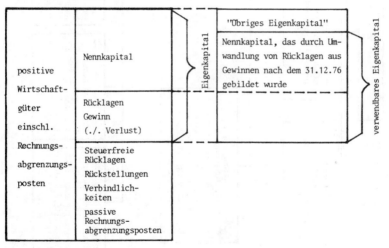

* Lediglich unter Verrechnung der Tarifbelastung, ohne Berücksichtigung
  von Körperschaftsteuerminderung bzw. -erhöhung wegen Herstellung der
  Ausschüttungsbelastung und ohne Verringerung um die im Wirtschaftsjahr
  erfolgten Vorabausschüttungen und verdeckten Gewinnausschüttungen.

GLIEDERUNG DES VERWENDBAREN EIGENKAPITALS

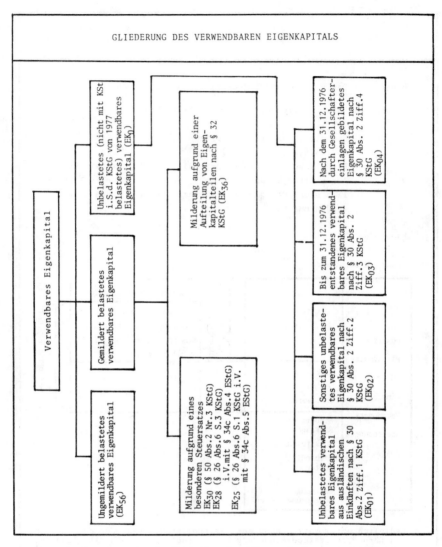

C 11

KSt-wirksame Vorgänge	EK56	EK36	EK01	EK02	EK03	EK04
Entstehung von verwendbarem Eigenkapital aus Gesellschaftereinlagen						+
ungemildert belastetes Einkommen vor Verlustabzug	+	+				
ermäßigt belastetes Einkommen mit Aufteilung vor Verlustabzug	+	+	+	+		
inländische steuerfreie Erträge						
ausländische steuerfreie Erträge					./.	
nicht abziehbare Aufwendungen vor 1977	./.	./.*			./.	
Aufwendungen ab 1977						
Erträge aus nicht abziehbaren Aufwendungen vor 1977	+	+			+	
Aufwendungen ab 1977					+	
Periodenverlust				./.		
Verlustabzug aus Verluste vor 1977	./.	./.	./.			
Vor- oder Rücktrag Verluste ab 1977	./.	./.	./.	./.		
Körperschaftsteuer ungemilderte	./.					
ermäßigte		./.				
im Ausland			./.*			
Minderung bzw. Erhöhung	+			+	+	
Gewinnausschüttung (offen oder verdeckt)	./.	./.*	./.*	./.*	./.*	./.*

* soweit das EK der vorausgehenden Spalte zum Abzug nicht ausreicht

VORAUSSETZUNGEN DER KÖRPERSCHAFTSTEUERLICHEN ORGANSCHAFT
(§§ 14, 17, 18 KSTG)

Persönliche Voraussetzungen

Obergesellschaft (Organträger) muß ein inländisches gewerbliches Unternehmen sein (jeder Rechtsform).

Obergesellschaft (Organträger) kann ein ausländisches gewerbliches Unternehmen sein, wenn es im Inland eine im Handelsregister eingetragene Zweigniederlassung unterhält.

Untergesellschaft (Organgesellschaft) muß eine inländische Kapitalgesellschaft sein.

Die Organgesellschaft muß sich in einem Gewinnabführungsvertrag verpflichtet haben, ihren "ganzen Gewinn" an den Organträger (bzw. die Zweigniederlassung) abzuführen.

Abschluß und Durchführung des Gewinnabführungsvertrages über mindestens 5 Jahre

Wirksamkeit des Gewinnabführungsvertrages zum Ende des Wirtschaftsjahres der Organgesellschaft, zu dem die Organschaft wirksam werden soll

Zuführung zu freien Rücklagen der Organgesellschaft nur, wenn sie bei vernünftiger kaufmännischer Beurteilung wirtschaftlich notwendig ist

Sachliche Veraussetzungen
(vom Beginn des Wirtschaftsjahres an ununterbrochen)

finanzielle Eingliederung
= unmittelbare oder mittelbare Mehrheit der Stimmrechte

organisatorische Eingliederung
= personelle Verflechtung der Unternehmungsleitung; bei Beherrschungs- und Geschäftsführungsvertrag sowie Eingliederung gegeben

wirtschaftliche Eingliederung
= funktionelle Einordnung nach Art einer Betriebsabteilung

Gesonderte Ermittlung des körperschaftsteuerpflichtigen
Einkommens bei Organträger und Organgesellschaft nach
den allgemeinen Vorschriften.

Zurechnung des körperschaftsteuerpflichtigen Einkommens
der Organgesellschaft zum körperschaftsteuerpflichtigen
Einkommen des Organträgers (gegebenenfalls Aufrechnung
von positivem und negativem Einkommen) und Abgabe einer
Steuererklärung des Organträgers (für den Organkreis)

Ausnahme:
"Die Organgesellschaft hat ihr Einkommen in Höhe der
geleisteten Ausgleichszahlungen und der darauf entfallenden Ausschüttungsbelastung... selbst zu versteuern. Ist
die Verpflichtung zum Ausgleich vom Organträger erfüllt
worden, so hat die Organgesellschaft die Summe der
geleisteten Ausgleichszahlungen zuzüglich der darauf
entfallenden Ausschüttungsbelastung anstelle des Organträgers zu versteuern" (§ 16 KStG)

- umgekehrte Zurechnung -

Aufteilung der Körperschaftsteuerbelastung durch eine
Konzernumlage

C 14

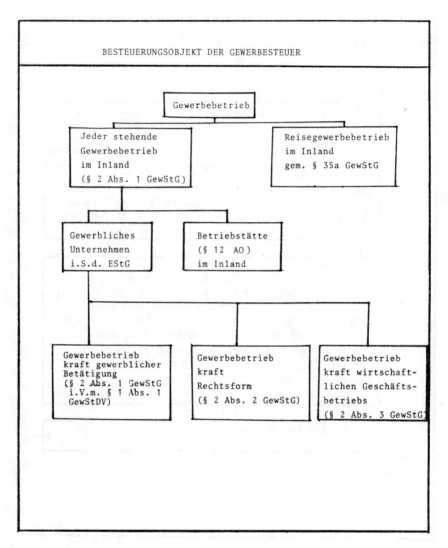

BESTEUERUNGSOBJEKT DER GEWERBESTEUER

Gewerbebetrieb

Jeder stehende
Gewerbebetrieb
im Inland
(§ 2 Abs. 1 GewStG)

Reisegewerbebetrieb
im Inland
gem. § 35a GewStG

Gewerbliches
Unternehmen
i.S.d. EStG

Betriebstätte
(§ 12 AO)
im Inland

Gewerbebetrieb
kraft gewerblicher
Betätigung
(§ 2 Abs. 1 GewStG
i.V.m. § 1 Abs. 1
GewStDV)

Gewerbebetrieb
kraft
Rechtsform
(§ 2 Abs. 2 GewStG)

Gewerbebetrieb
kraft wirtschaft-
lichen Geschäfts-
betriebs
(§ 2 Abs. 3 GewStG)

D 1

BETRIEBSTÄTTE (§ 12 AO)

Betriebstätte

Definition: jede feste Geschäftseinrichtung oder Anlage,
die der Tätigkeit eines Unternehmens dient

Beispiele nach § 12 AO

- Stätte der Geschäftsleitung

- Zweigniederlassungen

- Geschäftsstellen

- Fabrikations- oder Werkstätten

- Warenlager

- Ein- oder Verkaufsstellen

- Bergwerke, Steinbrüche oder andere
Stätten der Gewinnung von Bodenschätzen

- Bauausführungen oder Montagen, wenn sie
länger als sechs Monate dauern

ERMITTLUNG DER GEWERBESTEUER NACH ERTRAG UND KAPITAL

GEWERBEERTRAG	GEWERBEKAPITAL
Gewerblicher Gewinn/Verlust (§ 7 GewStG)	Einheitswert des gewerblichen Betriebs (§ 12 Abs. 1 GewStG)

+ Hinzurechnungen (§ 8 GewStG) ./. Kürzungen (§ 9 GewStG)	+ Hinzurechnungen (§ 12 Abs. 2 GewStG) ./. Kürzungen (§ 12 Abs. 3 GewStG)
Gewerbeertrag vor Verlustabzug	Gewerbekapital vor Abrundung und Freibetragsabzug

./. Gewerbeverlustabzug (§ 10a GewStG) ./. Rundungsbetrag auf volle 100 DM (§ 11 Abs. 1 GewStG) ./. Freibetrag von 36.000 DM bei natürlichen Personen und Personengesellschaften (§ 11 Abs. 1 GewStG)	./. Rundungsbetrag auf volle 1.000 DM (§ 13 Abs. 1 GewStG) ./. Freibetrag von 120.000 DM (§ 13 Abs. 1 GewStG)
Gewerbeertrag	Gewerbekapital

*	*
Steuermeßzahl (i.d.R. 5%) (§ 11 Abs. 2 GewStG)	Steuermeßzahl (i.d.R. 0,2%) (§ 13 Abs. 2 GewStG)
Steuermeßbetrag nach Gewerbeertrag	Steuermeßbetrag nach Gewerbekapital

Einheitlicher Steuermeßbetrag
(§ 14 Abs. 1 GewStG)

ggf. Zerlegung (§§ 28 ff. GewStG)

Hebesatz (§ * 16 GewStG)

Gewerbesteuer nach Ertrag und Kapital

ERMITTLUNG DES GEWERBEERTRAGS VOR VERLUSTABZUG

Einkünfte aus Gewerbebetrieb (EStG)
bzw. Einkommen vor Verlustabzug (KStG)

(+/-) Modifikationen gem. Abschn. 40, 41 GewStR

    → z.B. Veräußerungsgewinne gem. § 16, 17 EStG

(+) Hinzurechnungen gem. § 8 GewStG

- 50% der Dauerschuldzinsen gem. Ziff. 1
- Renten und dauernde Lasten gem. Ziff. 2
- Gewinnanteile stiller Gesellschafter gem. Ziff. 3
- Bezüge persönlich haftender Gesellschafter
  einer KGaA gem. Ziff. 4
- Miet- und Pachtzinsen gem. Ziff. 7
- Verlustanteile aus Mitunternehmergemeinschaften
  gem. Ziff. 8
- Nichtwissenschaftliche Spenden gem. Ziff. 9

(./.) Kürzungen gem. § 9 GewStG

- Grundbesitz-Abzüge gem. Ziff. 1
- Gewinnanteile aus Mitunternehmergemeinschaften
  gem. Ziff. 2
- Schachtelerträge gem. Ziff. 2a
- Anteile ausländischer Betriebstätten am Gewerbeertrag
  eines inländischen Unternehmens gem. Ziff. 3
- Miet- und Pachtzinsen gem. Ziff. 4
- Wissenschaftliche Spenden gem. Ziff. 5
- Kuponsteuerpflichtige Zinsen gem. Ziff. 6
- Gewinne aus Anteilen an ausländischen Kapital-
  gesellschaften gem. Ziff. 7
- Ausbildungsplatz-Abzugsbetrag nach § 24b EStG
  gem. Ziff. 8

(=) Gewerbeertrag vor Verlustabzug

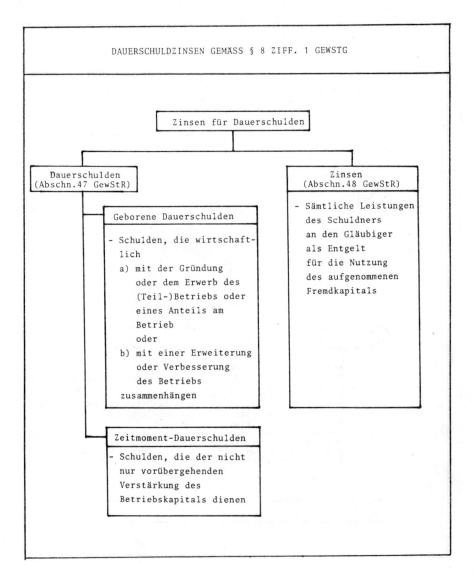

DAUERSCHULDZINSEN GEMÄSS § 8 ZIFF. 1 GEWSTG

Zinsen für Dauerschulden

Dauerschulden
(Abschn.47 GewStR)

Zinsen
(Abschn.48 GewStR)

Geborene Dauerschulden

- Schulden, die wirtschaftlich
  a) mit der Gründung
     oder dem Erwerb des
     (Teil-)Betriebs oder
     eines Anteils am
     Betrieb
     oder
  b) mit einer Erweiterung
     oder Verbesserung
     des Betriebs
  zusammenhängen

- Sämtliche Leistungen
  des Schuldners
  an den Gläubiger
  als Entgelt
  für die Nutzung
  des aufgenommenen
  Fremdkapitals

Zeitmoment-Dauerschulden

- Schulden, die der nicht
  nur vorübergehenden
  Verstärkung des
  Betriebskapitals dienen

D 5

ABGRENZUNG DER DAUERSCHULDEN

```
                    ┌─────────────────────┐
                    │ Verbindlichkeiten   │
                    └─────────────────────┘
         ╱──────────────────────────────────────╲
nein    ╱         Zugehörigkeit zum               ╲   ja
        ╲         laufenden Geschäftsverkehr       ╱
         ╲──────────────────────────────────────╱
                                                    │
                                                    ▼
                         ╱─────────────────────────────────╲
                        ╱    Einwandfrei feststellbarer      ╲
               nein    ╱     unmittelbarer Zusammenhang       ╲   ja
                       ╲     zu bestimmten laufenden          ╱
                        ╲    Geschäftsvorfällen              ╱
                         ╲─────────────────────────────────╱
                              │
                              ▼
        ╱───────────────────────────╲
  nein ╱    Laufzeit < 12 Monate     ╲  ja
        ╲───────────────────────────╱
```

Geborene Dauerschuld	Zeitmoment-Dauerschuld	Keine Dauerschuld
Beispiel: Hypotheken-und Grundschuldkredite	Beispiel: Kredit-Bodensatz von Kontokorrent-krediten, der an mindestens 7 Tagen im Wirtschaftsjahr bestand	Beispiel: Warenschuld, die in der üblichen Frist getilgt wird

MÖGLICHKEITEN DER VERLUSTVERRECHNUNG IM RAHMEN DER GEWEST

Verlustberücksichtigung

Lediglich innerhalb jeweils
eines Gewerbebetriebs

keine Verrechnung des negativen
Gewerbeertrags eines Gewerbe-
betriebs mit dem positiven
Gewerbeertrag eines anderen
Gewerbebetriebs ein und
desselben Unternehmers

Lediglich Verlustvortrag =
negativer Gewerbeertrag vor Verlustabzug ist in den nächsten 5 Jahren
von Amts wegen von einem positiven
Gewerbeertrag abzuziehen;
kein Verlustrücktrag!

Bedingungen:

Unternehmensgleichheit:
Verlustvortrag jeweils nur innerhalb
des Gewerbebetriebs, in dem er entstanden ist

Unternehmergleichheit:
bei Unternehmeränderung Verlustabzug
lediglich insoweit, als der Verlust
auf den Unternehmer entfällt, bei dem
er entstanden ist!

Gilt für:
- Änderung in der Zahl oder den
  Personen der Mitunternehmer
- Einbringung eines Einzelunternehmens
  in eine Personengesellschaft

Problematik:

Die zu errechnende Gewerbeertragsteuer ist als Betriebsausgabe
bei der Ermittlung ihrer eigenen Bemessungsgrundlage abzugsfähig.

Lösung:

GewESt = (GewE ./. GewESt) * Steuermeßzahl * Hebesatz
(GewE = Gewerbeertrag vor GewESt-Aufwandsabzug)

$$\text{GewESt} = \frac{\text{Steuermeßzahl} * \text{Hebesatz}}{1 + (\text{Steuermeßzahl} * \text{Hebesatz})} * \text{GewE}$$

Beispiel:

Steuermeßzahl = 5%
Hebesatz = 300%;   GewESt = 13,04% des GewE
Hebesatz = 400%;   GewESt = 16,67% des GewE

Vereinfachtes Verfahren zur Schätzung der GewSt-Rückstellungen
(9/10 Rechnung gem. Abschn. 22 Abs. 2 S. 2 EStR)

"Zur Errechnung der Rückstellung kann die Gewerbesteuer
schätzungsweise mit neun Zehnteln des Betrags der Gewerbesteuer angesetzt werden, die sich ohne Berücksichtigung
der Gewerbesteuer als Betriebsausgabe ergeben würde."
GewESt = 9/10 * (GewE * Steuermeßzahl * Hebesatz)

D 8

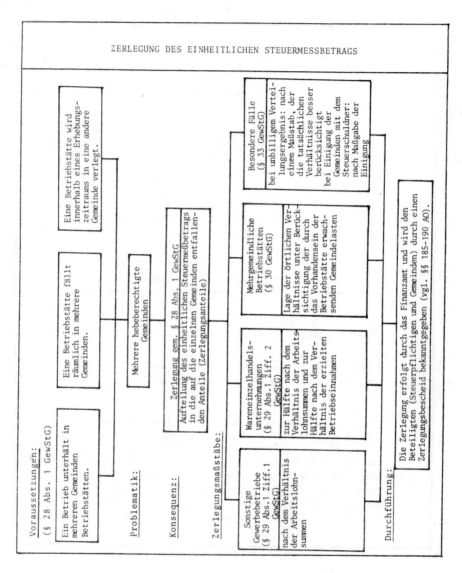

ZERLEGUNG DES EINHEITLICHEN STEUERMESSBETRAGS

Voraussetzungen:
(§ 28 Abs. 1 GewStG)

Ein Betrieb unterhält in mehreren Gemeinden Betriebsstätten.

Eine Betriebsstätte fällt räumlich in mehrere Gemeinden.

Eine Betriebsstätte wird innerhalb eines Erhebungszeitraums in eine andere Gemeinde verlegt.

Problematik:

Mehrere hebeberechtigte Gemeinden

Konsequenz:

Zerlegung gem. § 28 Abs. 1 GewStG

Aufteilung des einheitlichen Steuermeßbetrags in die auf die einzelnen Gemeinden entfallenden Anteile (Zerlegungsanteile)

Zerlegungsmaßstäbe:

Sonstige Gewerbebetriebe (§ 29 Abs. 1 Ziff. 1 GewStG)

nach dem Verhältnis der Arbeitslohnsummen

Wareneinzelhandelsunternehmungen (§ 29 Abs. 1 Ziff. 2 GewStG)

zur Hälfte nach dem Verhältnis der Arbeitslohnsummen und zur Hälfte nach dem Verhältnis der erzielten Betriebseinnahmen

Mehrgemeindliche Betriebsstätten (§ 30 GewStG)

Lage der örtlichen Verhältnisse unter Berücksichtigung der durch das Vorhandensein der Betriebsstätte erwachsenden Gemeindelasten

Besondere Fälle (§ 33 GewStG)

bei unbilligem Verteilungsergebnis: nach einem Maßstab, der die tatsächlichen Verhältnisse besser berücksichtigt bei Einigung der Gemeinden mit dem Steuerschuldner: nach Maßgabe der Einigung

Durchführung:

Die Zerlegung erfolgt durch das Finanzamt und wird den Beteiligten (Steuerpflichtigen und Gemeinden) durch einen Zerlegungsbescheid bekanntgegeben (vgl. §§ 185-190 AO).

D 9

GEWERBESTEUERLICHE ORGANSCHAFT (§ 2 ABS. 2 ZIFF. 2 SATZ 2 GEWSTG)

Voraussetzungen

- Obergesellschaft (Organträger) muß ein inländisches gewerbliches Unternehmen sein.

- Untergesellschaft (Organgesellschaft) muß eine Kapitalgesellschaft sein

- Die Organgesellschaft muß nach dem Gesamtbild der tatsächlichen Verhältnisse
  - finanziell
  - wirtschaftlich und
  - organisatorisch
  in das Unternehmen des Organträgers eingegliedert sein. Ein Gewinnabführungsvertrag ist nicht erforderlich.

Konsequenzen

- Die Organgesellschaft gilt als Betriebstätte des Organträgers (Betriebstättenfiktion)

- Getrennte Ermittlung der gewerbesteuerlichen Bemessungsgrundlage für Organträger und Organgesellschaft. Gewinne aus Lieferungen oder Leistungen innerhalb des Organkreises sind zu berücksichtigen; Doppelrechnungen dürfen vermieden werden.

- Zusammenfassung der Besteuerungsgrundlagen von Organträger und Organgesellschaft, ggf. Aufrechnung von positiven gegen negative Besteuerungsgrundlagen; einheitliche Veranlagung des Organträgers mit evtl. Zerlegung der Besteuerungsgrundlage

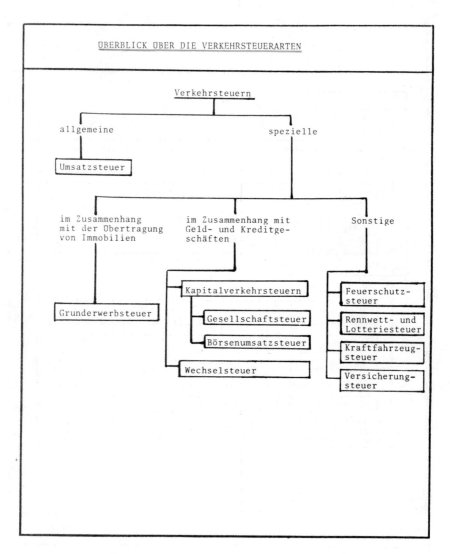

ÜBERBLICK ÜBER DIE VERKEHRSTEUERARTEN

Verkehrsteuern

allgemeine

spezielle

Umsatzsteuer

im Zusammenhang
mit der Übertragung
von Immobilien

im Zusammenhang mit
Geld- und Kreditge-
schäften

Sonstige

Grunderwerbsteuer

Kapitalverkehrsteuern

Gesellschaftsteuer

Börsenumsatzsteuer

Wechselsteuer

Feuerschutz-
steuer

Rennwett- und
Lotteriesteuer

Kraftfahrzeug-
steuer

Versicherung-
steuer

E 1

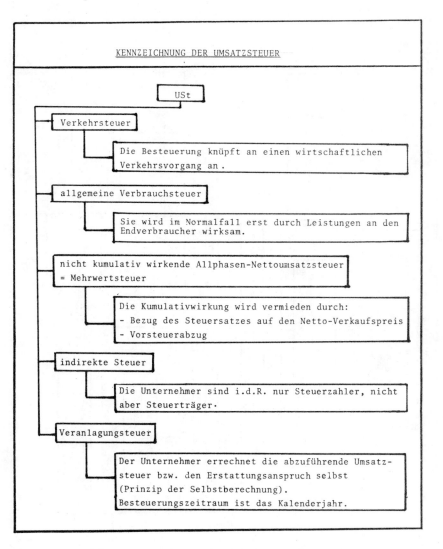

USt

Verkehrsteuer

Die Besteuerung knüpft an einen wirtschaftlichen Verkehrsvorgang an .

allgemeine Verbrauchsteuer

Sie wird im Normalfall erst durch Leistungen an den Endverbraucher wirksam.

nicht kumulativ wirkende Allphasen-Nettoumsatzsteuer = Mehrwertsteuer

Die Kumulativwirkung wird vermieden durch:
- Bezug des Steuersatzes auf den Netto-Verkaufspreis
- Vorsteuerabzug

indirekte Steuer

Die Unternehmer sind i.d.R. nur Steuerzahler, nicht aber Steuerträger.

Veranlagungsteuer

Der Unternehmer errechnet die abzuführende Umsatzsteuer bzw. den Erstattungsanspruch selbst (Prinzip der Selbstberechnung). Besteuerungszeitraum ist das Kalenderjahr.

E 2

UNTERNEHMER I.S.D. USTG

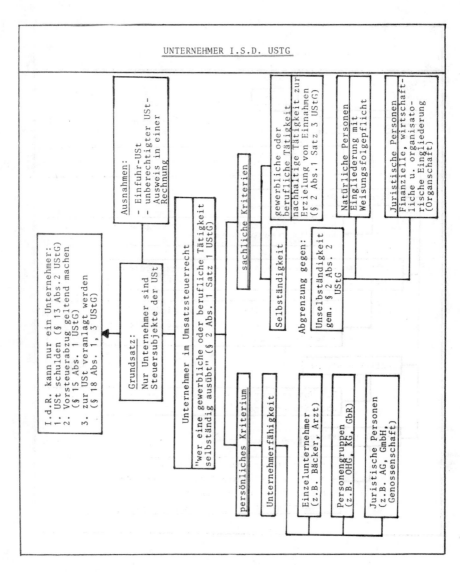

I.d.R. kann nur ein Unternehmer:
1. USt schulden (§ 13 Abs.2 UStG)
2. Vorsteuerabzug geltend machen
   (§ 15 Abs. 1 UStG)
3. zur USt veranlagt werden
   (§ 18 Abs. 1, 3 UStG)

Grundsatz:
Nur Unternehmer sind
Steuersubjekte der USt

Ausnahmen:
- Einfuhr-USt
- unberechtigter USt-
  Ausweis in einer
  Rechnung

Unternehmer im Umsatzsteuerrecht
"wer eine gewerbliche oder berufliche Tätigkeit
selbständig ausübt" (§ 2 Abs. 1 Satz 1 UStG)

sachliche Kriterien

gewerbliche oder
berufliche Tätigkeit
nachhaltige Tätigkeit zur
Erzielung von Einnahmen
(§ 2 Abs.1 Satz 3 UStG)

Selbständigkeit

Abgrenzung gegen:
Unselbständigkeit
gem. § 2 Abs. 2
UStG

Natürliche Personen
Eingliederung mit
Weisungsfolgepflicht

Juristische Personen
Finanzielle, wirtschaft-
liche u. organisato-
rische Eingliederung
(Organschaft)

persönliches Kriterium

Unternehmerfähigkeit

Einzelunternehmer
(z.B. Bäcker, Arzt)

Personengruppen
(z.B. OHG, KG, GbR)

Juristische Personen
(z.B. AG, GmbH,
Genossenschaft)

E 3

Unternehmen
im Umsatzsteuerrecht
"die gesamte gewerbliche oder
berufliche Tätigkeit des Unternehmers"
(§ 2 Abs. 1 Satz 2 UStG)

Einheitstheorie
"Jeder Unternehmer hat
nur ein Unternehmen"

Konsequenzen

Der Gesamtumsatz des Unternehmers wird
ermittelt als Summe der Einzelumsätze
der zur Unternehmenseinheit zählenden Betriebe.

Wechselseitige Leistungen zwischen Betrieben
eines Unternehmers sind nicht steuerbare
Innenumsätze.

Für das gesamte Unternehmen ist für einen
Voranmeldungszeitraum nur eine USt-Voranmeldung
und für einen Veranlagungszeitraum nur eine Um-
satzsteuererklärung (Steueranmeldung) abzugeben.

E 4

Voraussetzungen

Obergesellschaft (Organträger)
muß ein Unternehmen sein.

Untergesellschaft (Organgesellschaft)
muß eine juristische Person sein.

Die Organgesellschaft muß nach dem
Gesamtbild der tatsächlichen Verhältnisse
- finanziell,
- wirtschaftlich und
- organisatorisch
in das Unternehmen des Organträgers eingegliedert
sein.
Ein Gewinnabführungsvertrag ist nicht erforderlich

Konsequenzen

Alle steuerbaren Umsätze der Organgesellschaft
werden dem Organträger zugerechnet.

Die Organgesellschaft gibt keine USt-Erklärung
ab und wird nicht zur USt veranlagt.

Innenumsätze (zwischen Organträger und
Organgesellschaft) sind nicht USt-pflichtig.

Bedingt durch das System der Umsatzsteuer treten
durch die Organschaft i.d.R. keine Wirkungen auf
die Höhe der USt-Belastung ein.

```
                            ┌──────────┐
                            │ Umsätze  │
                            └──────────┘
              ┌──────────────────┴──────────────────┐
      ┌───────────────────┐              ┌───────────────────┐
      │ Steuerbare Umsätze │              │ Nicht steuerbare  │
      └───────────────────┘              │     Umsätze        │
                                          └───────────────────┘

      ┌───────────────────┐              ┌───────────────────┐
      │ Steuerpflichtige  │              │   Steuerfreie      │
      │ Umsätze            │              │   Umsätze          │
      └───────────────────┘              └───────────────────┘
                      ╭─────────────╮
              ◄─ ─ ─ ─│   Option    │─ ─ ─ ─
                      ╰─────────────╯
      ┌────────────────────────┐      ┌───────────────────┐
      │ Bemessungsgrundlage     │      │   Steuersatz       │
      └────────────────────────┘      └───────────────────┘
                      └───────── * ──────────┘
              ┌───────────────────┐      ┌───────────────────┐
              │  Umsatzsteuer      │      │  Vorsteuerabzug    │
              └───────────────────┘      └───────────────────┘
                          └─────────── − ──────────┘
                                  ┌────────────────────────┐
                                  │ ggf. Steuerabzugs-      │
                                  │       betrag            │
                                  └────────────────────────┘
                                      − 
                          ┌────────────────────────┐
                          │ Zahllast oder           │
                          │ Erstattungsan-          │
                          │ spruch                   │
                          └────────────────────────┘
```

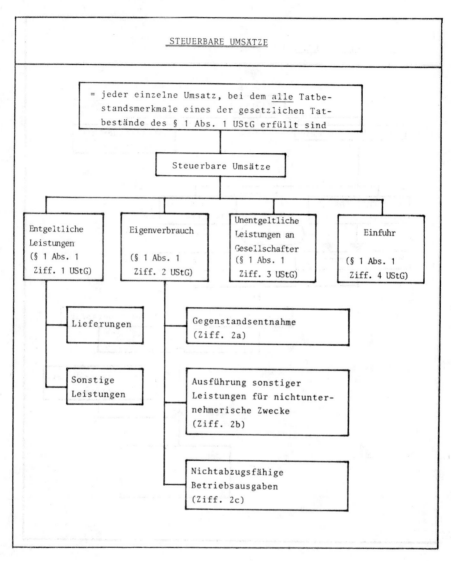

STEUERBARE UMSÄTZE

= jeder einzelne Umsatz, bei dem alle Tatbestandsmerkmale eines der gesetzlichen Tatbestände des § 1 Abs. 1 UStG erfüllt sind

Steuerbare Umsätze

| Entgeltliche Leistungen (§ 1 Abs. 1 Ziff. 1 UStG) | Eigenverbrauch (§ 1 Abs. 1 Ziff. 2 UStG) | Unentgeltliche Leistungen an Gesellschafter (§ 1 Abs. 1 Ziff. 3 UStG) | Einfuhr (§ 1 Abs. 1 Ziff. 4 UStG) |

Lieferungen

Sonstige Leistungen

Gegenstandsentnahme (Ziff. 2a)

Ausführung sonstiger Leistungen für nichtunter-nehmerische Zwecke (Ziff. 2b)

Nichtabzugsfähige Betriebsausgaben (Ziff. 2c)

E 7

TATBESTANDSMERKMALE DER ENTGELTLICHEN LEISTUNGEN GEM. § 1
ABS. 1 ZIFF. 1 USTG

Leistungen (im wirtschaftlichen Sinne)   gegen Entgelt

→ Leistungsaustausch

① Zwei verschiedene Personen, zwischen
denen sich der Leistungsaustausch
vollzieht, wobei der Leistende Unternehmer ist

② Eine Leistung (Lieferung oder sonstige
Leistung) und eine Gegenleistung

③ Eine innere (kausale) Verknüpfung von
Leistung und Gegenleistung

Kein Leistungsaustausch liegt vor bei:
  - Erbschaft ¬2
  - Schenkung ¬2
  - Schadenersatz ¬3

eines Unternehmers

im Rahmen seines Unternehmens → abgrenzg.: Eigenverbrauch, E11

im Erhebungsgebiet

DIE LIEFERUNG

§ 3 Abs. 1 UStG:

"Lieferungen eines Unternehmers sind Leistungen,durch die er oder in seinem Auftrag ein Dritter den Abnehmer oder in dessen Auftrag einen Dritten befähigt, im eigenen Namen über einen Gegenstand zu verfügen (Verschaffung der Verfügungsmacht)."

```
              Lieferung
         im Umsatzsteuerrecht
```

Gegenstände der Lieferung

- Körperliche Gegenstände aller Art (= Sachen gem. § 90 BGB)
  z. B. Waren, Maschinen
- Alle sonstigen Wirtschaftsgüter, die im Verkehr wie Sachen umgesetzt werden
  z. B. Elektrizität, immaterielle Wirtschaftsgüter

Rechtliche Formen der "Verschaffung der Verfügungsmacht"

- Übereignung
- Kommission
- Lieferung unter Eigentumsvorbehalt
- in besonderen Fällen auch - Verpfändung
                             - Sicherungsübereignung

Zeitpunkt und Ort der Lieferung

- Die Zeitbestimmung wird durch die Lieferungsart determiniert: (vgl. § 3 Abs. 7 UStG)
  a) Beförderung: Beginn der Beförderung
  b) Versendung: Zeitpunkt der Übergabe
- Eine Lieferung wird i.d.R. dort ausgeführt, wo sich der Gegenstand zur Zeit der Verschaffung der Verfügungsmacht befindet (vgl. § 3 Abs. 6, 8 UStG).

E 9

§ 3 Abs. 9 UStG:
"Sonstige Leistungen sind Leistungen, die keine
Lieferungen sind. Sie können auch in einem Unterlassen
oder im Dulden einer Handlung oder eines Zustands
bestehen."

Sonstige Leistung
im Umsatzsteuerrecht

Gegenstände der sonstigen Leistung

Beispiele: - Dienstleistungen insbes. geistige Leistungen
- Vermietung und Verpachtungen

Ort der sonstigen Leistung (§ 3a UStG)

a) Grundsatz (§ 3a Abs. 1 UStG)
"Eine sonstige Leistung wird an dem Ort ausgeführt, von
dem aus der Unternehmer sein Unternehmen betreibt.
Wird die sonstige Leistung von einer Betriebstätte
ausgeführt, so gilt die Betriebstätte als Ort der
sonstigen Leistung."

b) Ausnahmen

- Sonstige Leistungen im Zusammenhang mit einem Grund-
stück gem. § 3 a Abs. 2 Ziff. 1 UStG
- Beförderungsleistungen gem. § 3 a Abs. 2 Ziff. 2
UStG
- Sonstige Leistungen gem. § 3 a Abs. 2 Ziff. 3 UStG
- Vermietung beweglicher körperlicher Gegenstände
gem. § 3 a Abs. 2 Ziff. 4 UStG
- Sonstige Leistungen gem. § 3 a Abs. 3 u. 4 UStG
- Sonderfälle gem. § 3a Abs. 5 UStG i.V.m. § 1 UStDV

DER EIGENVERBRAUCH (§ 1 ABS. 1 ZIFF. 2 USTG)

= Ergänzungstatbestand zur umsatzsteuerlichen
  Gleichbehandlung

Eigenverbrauch

Tatbestand

Lieferungen oder sonstige Leistungen werden
von einem Unternehmer für Zwecke außerhalb
seines Unternehmens erbracht.

Gegenstandsentnahme (§ 1 Abs. 1 Ziff. 2a UStG)

Ein Unternehmer entnimmt Gegenstände aus seinem
Unternehmen für Zwecke, die außerhalb des
Unternehmens liegen.

**Verwendung sonstiger Leistungen
(§ 1 Abs. 1 Ziff. 2b UStG)**

Ein Unternehmer führt im Rahmen seines Unternehmens sonstige Leistungen für Zwecke aus, die
außerhalb des Unternehmens liegen
(z.B. private Nutzung von Dienstfahrzeugen,
 Dienstleistungen aus privaten Gründen).

**Nichtabzugsfähige Betriebsausgaben
(§ 1 Abs. 1 Ziff. 2c UStG)**

- Ein Unternehmer tätigt Aufwendungen, die
  unter das Abzugsverbot des § 4 Abs. 5 Nr. 1-7
  und Abs. 6 EStG fallen.
- Dies gilt nicht für Geldgeschenke.
- Beispiel: unangemessene Spesen,
             wertvolle Werbegeschenke
             (AK/HK > 50 DM)

E 11

UNENTGELTLICHE LEISTUNGEN AN GESELLSCHAFTER
(§ 1 ABS. 1 ZIFF. 3 USTG)

Zweck:

- Dieser Ergänzungstatbestand dient der
  Gleichmäßigkeit der Besteuerung, indem er
  im Bereich der Leistungen von Gesellschaften an
  Gesellschafter (Gesellschafterverbrauch) einen
  unversteuerten Endverbrauch verhindert.

Gegenstand:

Unentgeltliche Lieferungen und sonstige Leistungen
von   - Körperschaften und Personenvereinigungen i.S.d.
                              § 1 Abs. 1 Ziff. 1-5 KStG
             - nichtrechtsfähigen Personenvereinigungen sowie
               Gemeinschaften
im Erhebungsgebiet
im Rahmen ihres Unternehmens
an   - ihre Anteilseigner, Gesellschafter, Mitglieder,
               Teilhaber
             - oder diesen nahestehende Personen

Beispiele:
- Unentgeltliche Abgabe von Gegenständen
- kostenlose Dienstleistungen
             an bzw. für einen Gesellschafter aufgrund
             des Gesellschafter-Gesellschafts-Verhältnisses

E 12

DIE EINFUHR   (§ 1 ABS. 1 ZIFF. 4 USTG)

Zweck der Importbesteuerung:

- Zur Erreichung gleicher Wettbewerbsbedingungen
  werden Importe nach dem "Bestimmungslandprinzip"
  besteuert.
- Bestimmungslandprinzip:
  Umsatzsteuerbare Leistungen werden in dem Importland
  versteuert und bei der Ausfuhr aus dem Exportland
  steuerlich entlastet.
- Konsequenzen des Bestimmungslandprinzips:
  -- Ausfuhren (Exporte) werden von der USt befreit.
     Die Vorsteuer-Abzugsfähigkeit für Exporte bleibt jedoch
     erhalten.
  -- Die Einfuhr von Gegenständen (Importe), auch durch
     Nichtunternehmer, unterliegt der USt (Einfuhrumsatzsteuer).

Gegenstand der Einfuhrumsatzsteuer:

- Einfuhr (= das Verbringen) von Gegenständen in das deutsche
  Zollgebiet
- Zollgebiet ist das deutsche Hoheitsgebiet mit Ausnahme der
  Zollausschlüsse und Zollfreigebiete.

Merkmale der Einfuhrumsatzsteuer:

- Die Einfuhrumsatzsteuer wird von dem Importeur (Unternehmer
  oder Privatperson)   entrichtet und von den Zollämtern
  erhoben und verwaltet.

- Die Einfuhrumsatzsteuer ist bei importierenden
  Unternehmern als Vorsteuer abzugsfähig. § 15 I 2 UStG

E 13

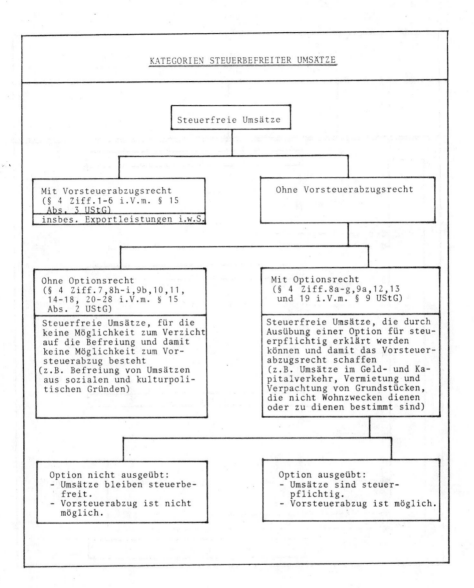

KATEGORIEN STEUERBEFREITER UMSÄTZE

Steuerfreie Umsätze

Mit Vorsteuerabzugsrecht
(§ 4 Ziff.1-6 i.V.m. § 15
Abs. 3 UStG)
insbes. Exportleistungen i.w.S.

Ohne Vorsteuerabzugsrecht

Ohne Optionsrecht
(§ 4 Ziff.7,8h-i,9b,10,11,
14-18, 20-28 i.V.m. § 15
Abs. 2 UStG)

Steuerfreie Umsätze, für die
keine Möglichkeit zum Verzicht
auf die Befreiung und damit
keine Möglichkeit zum Vorsteuerabzug besteht
(z.B. Befreiung von Umsätzen
aus sozialen und kulturpoli-
tischen Gründen)

Mit Optionsrecht
(§ 4 Ziff.8a-g,9a,12,13
und 19 i.V.m. § 9 UStG)

Steuerfreie Umsätze, die durch
Ausübung einer Option für steuerpflichtig erklärt werden
können und damit das Vorsteuerabzugsrecht schaffen
(z.B. Umsätze im Geld- und Ka-
pitalverkehr, Vermietung und
Verpachtung von Grundstücken,
die nicht Wohnzwecken dienen
oder zu dienen bestimmt sind)

Option nicht ausgeübt:
- Umsätze bleiben steuerbe-
  freit.
- Vorsteuerabzug ist nicht
  möglich.

Option ausgeübt:
- Umsätze sind steuer-
  pflichtig.
- Vorsteuerabzug ist möglich.

E 14

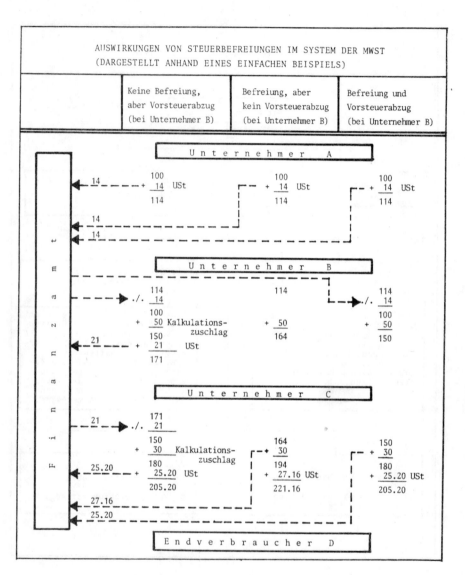

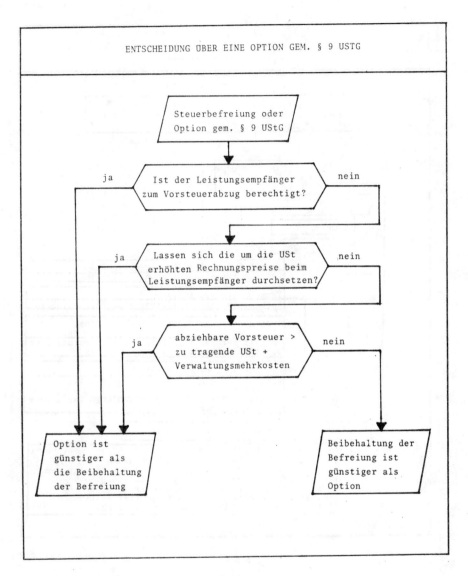

ENTSCHEIDUNG ÜBER EINE OPTION GEM. § 9 USTG

Steuerbefreiung oder
Option gem. § 9 UStG

ja — Ist der Leistungsempfänger zum Vorsteuerabzug berechtigt? — nein

ja — Lassen sich die um die USt erhöhten Rechnungspreise beim Leistungsempfänger durchsetzen? — nein

ja — abziehbare Vorsteuer > zu tragende USt + Verwaltungsmehrkosten — nein

Option ist günstiger als die Beibehaltung der Befreiung

Beibehaltung der Befreiung ist günstiger als Option

E 16

DAS ENTGELT (§ 10 ABS. 1 USTG)

Definition (§ 10 Abs. 1 Satz 2 UStG)

"Entgelt ist alles, was der Leistungsempfänger
aufwendet, um die Leistung zu erhalten, jedoch
abzüglich der Umsatzsteuer."

Entgelt

Formen des Entgelts

Geld

Leistungen

Tausch i.S.d. § 3 Abs. 12 S. 1 UStG
Entgelt für eine Lieferung = Lieferung

Tausch mit Bardraufgabe
Entgelt für eine Lieferung = Lieferung + Geld

Tauschähnlicher Umsatz i.S.d. § 3 Abs. 12 S. 2
UStG
Entgelt für sonstige Leistung = Lieferung oder
sonstige Leistung

Hingabe an Zahlungs statt
Entgelt für eine Lieferung oder sonstige
Leistung
= statt einer vereinbarten Zahlung eine andere
Gegenleistung

Vereinbarte und vereinnahmte Entgelte

- Bemessungsgrundlage ist grundsätzlich das vereinbarte
  Entgelt (Sollbesteuerung, vgl. § 16 Abs. 1 UStG).
  → Entstehung und Fälligkeit richten sich nach dem
    Zeitpunkt der Ausführung der Leistung.
- Die Besteuerung nach vereinnahmten Entgelten
  (Istbesteuerung) ist auf Antrag unter bestimmten
  Voraussetzungen (vgl. § 20 UStG) möglich.

Tatbestand	Bemessungsgrundlage bei	
	Umsätzen gegen Entgelt	unentgeltlichen Umsätzen oder Umsätzen ohne besonders berechnetes Entgelt i.S.v. § 1 Abs. 1 Ziff. 1b UStG
Lieferungen und sonstige Leistungen (§ 1 Abs.1 Ziff.1 u.3 UStG)	Entgelt (§ 10 Abs.1 UStG)	-----
Ausnahmen: Leistungen an Arbeitnehmer und a) Lieferungen	Entgelt, mindestens aber Teilwert bzw. gemeiner Wert (§ 10 Abs.5 UStG)	Teilwert, wenn dieser bei der Gewinnermittlung nach EStG anzusetzen ist, sonst gemeiner Wert (§ 10 Abs.4 Ziff.1 UStG)
an Gesellschafter b) Sonstige Leistungen	Entgelt, mindestens aber die Kosten (§ 10 Abs. 5 UStG)	Die bei der Ausführung der Umsätze entstandenen Kosten (§ 10 Abs.4 Ziff.2 UStG)
Eigenverbrauch (§ 1 Abs.1 Ziff.2 UStG) a) Gegenstandsentnahme	Teilwert bzw. gemeiner Wert (§ 10 Abs.4 Ziff.2 UStG)	
b) Sonstige Leistungen	Entstandene Kosten (§10 Abs.4 Ziff.2 UStG)	
c) Nichtabzugsfähige Betriebsausgaben	Aufwendungen (§10 Abs.4 Ziff.3 UStG)	
Einfuhr (§ 1 Abs.1 Ziff.4 UStG)	Zollwert, wenn die eingeführten Gegenstände dem Wertzoll unterliegen, sonst Entgelt (§ 11 Abs.1 UStG)	Zollwert (§ 11 Abs. 1 UStG)

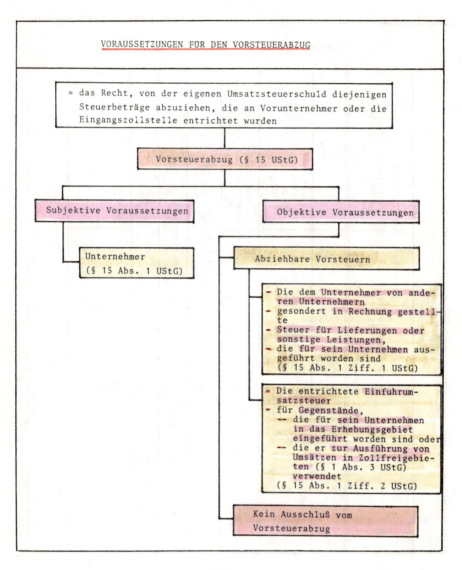

VORAUSSETZUNGEN FÜR DEN VORSTEUERABZUG

= das Recht, von der eigenen Umsatzsteuerschuld diejenigen
  Steuerbeträge abzuziehen, die an Vorunternehmer oder die
  Eingangszollstelle entrichtet wurden

Vorsteuerabzug (§ 15 UStG)

Subjektive Voraussetzungen

Objektive Voraussetzungen

Unternehmer
(§ 15 Abs. 1 UStG)

Abziehbare Vorsteuern

- Die dem Unternehmer von anderen Unternehmern
- gesondert in Rechnung gestell-
  te
- Steuer für Lieferungen oder
  sonstige Leistungen,
- die für sein Unternehmen ausgeführt worden sind
  (§ 15 Abs. 1 Ziff. 1 UStG)

- Die entrichtete Einfuhrumsatzsteuer
- für Gegenstände,
  -- die für sein Unternehmen
     in das Erhebungsgebiet
     eingeführt worden sind oder
  -- die er zur Ausführung von
     Umsätzen in Zollfreigebie-
     ten (§ 1 Abs. 3 UStG)
     verwendet
  (§ 15 Abs. 1 Ziff. 2 UStG)

Kein Ausschluß vom
Vorsteuerabzug

E 19

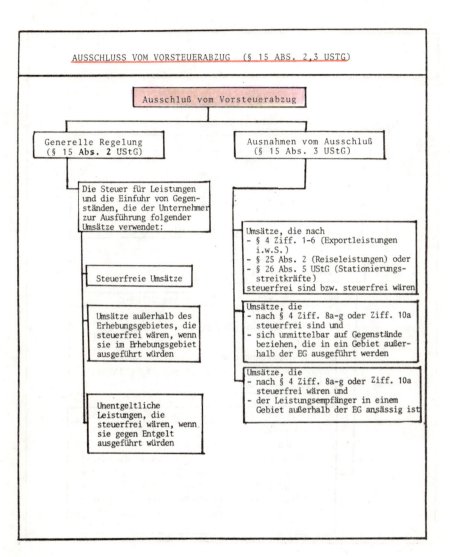

Ausschluß vom Vorsteuerabzug

Generelle Regelung
(§ 15 **Abs. 2** UStG)

Ausnahmen vom Ausschluß
(§ 15 Abs. 3 UStG)

Die Steuer für Leistungen
und die Einfuhr von Gegenständen, die der Unternehmer
zur Ausführung folgender
Umsätze verwendet:

Steuerfreie Umsätze

Umsätze außerhalb des
Erhebungsgebietes, die
steuerfrei wären, wenn
sie im Erhebungsgebiet
ausgeführt würden

Unentgeltliche
Leistungen, die
steuerfrei wären, wenn
sie gegen Entgelt
ausgeführt würden

Umsätze, die nach
- § 4 Ziff. 1-6 (Exportleistungen
  i.w.S.)
- § 25 Abs. 2 (Reiseleistungen) oder
- § 26 Abs. 5 UStG (Stationierungs-
  streitkräfte)
steuerfrei sind bzw. steuerfrei wären

Umsätze, die
- nach § 4 Ziff. 8a-g oder Ziff. 10a
  steuerfrei sind und
- sich unmittelbar auf Gegenstände
  beziehen, die in ein Gebiet außerhalb der EG ausgeführt werden

Umsätze, die
- nach § 4 Ziff. 8a-g oder Ziff. 10a
  steuerfrei wären und
- der Leistungsempfänger in einem
  Gebiet außerhalb der EG ansässig ist

Aufteilung der Vorsteuer

Gegenstand der Aufteilung

Die an Lieferer gezahlte Vorsteuer muß aufgeteilt
werden in:
1. Beträge, die aufgrund der zugehörigen
   Umsätze abzugsfähig sind
2. Beträge, die aufgrund der zugehörigen
   Umsätze nicht abzugsfähig sind

Methoden der Aufteilung

Exakte Aufteilung nach § 15 Abs. 4 UStG

- Zuordnung der Vorsteuerbeträge nach rein
  sachlichen (wirtschaftlichen) Grundsätzen
  (Regelfall)
- Die Aufteilung kann bei dieser Methode
  auch im Wege einer sachgerechten Schätzung
  vorgenommen werden.

Halbpauschale Aufteilung nach § 15 Abs. 5 UStG.

- Die Vorsteuerbeträge, die nicht ausschließ-
  lich den zum Abzug berechtigten oder den
  nicht zum Abzug berechtigten Umsätzen zuzurechnen sind, werden nach dem Verhältnis dieser beiden Umsatzarten aufgeteilt.
- Die Anwendung dieser Methode ist unzulässig,
  wenn sie zu ungerechtfertigten Steuervorteilen
  führt (§ 15 Abs. 6 UStG).

Besteuerung der Kleinunternehmer
gem. § 19 UStG

Kleinstunternehmer
gem. § 19 Abs. 1 UStG

- Vorjahresumsatz ≤ 20.000 DM und
- voraussichtlicher Jahresumsatz ≤ 100.000 DM

- Die USt für Umsätze i.S.d. § 1 Abs. 1 Ziff. 1-3 UStG wird nicht erhoben.
- Der Vorsteuerabzug ist nicht möglich.

Kleinunternehmer
gem. § 19 Abs. 3 UStG

- Keine Anwendung der Kleinunternehmer-regelung gem. § 19 Abs. 1 UStG und
- Umsatz im laufenden Kalenderjahr ≤ 60.000 DM

Regelbesteuerung mit einem degressiv gestalteten, persönlichen Steuerabzugs-betrag

Steuerabzugsbetrag = Prozentsatz * Steuerzahllast

- Prozentsatz:
a) Umsatz ≤ 20.500 DM → Prozentsatz = 80%
b) Umsatz > 20.500 DM → Prozentsatz = 80%, gekürzt um 1% für jeweils 500 DM des Betrages, der 20.500 DM übersteigt, wobei angefangene 500 DM aufzurunden sind

- Steuerzahllast = Steuer auf Umsätze i.S.d. § 1 Abs. 1 Ziff. 1-3 UStG
./. Vorsteuerbeträge
./. Kürzungsbeträge (ohne Kürzungsbeträge nach §§ 1,2 BerlinFG)

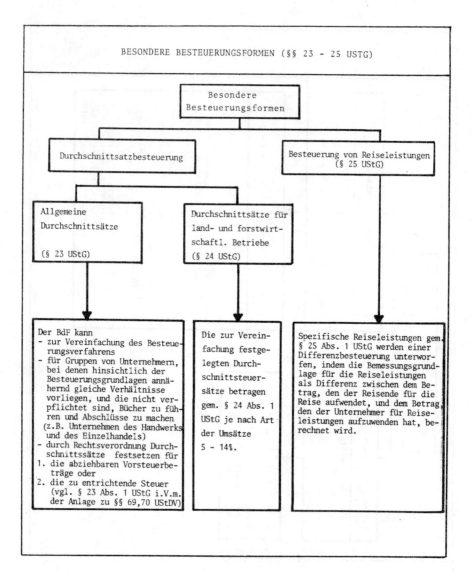

BESONDERE BESTEUERUNGSFORMEN (§§ 23 - 25 USTG)

Besondere
Besteuerungsformen

Durchschnittsatzbesteuerung

Besteuerung von Reiseleistungen
(§ 25 UStG)

Allgemeine
Durchschnittsätze

(§ 23 UStG)

Durchschnittsätze für
land- und forstwirt-
schaftl. Betriebe
(§ 24 UStG)

Der BdF kann
- zur Vereinfachung des Besteuerungsverfahrens
- für Gruppen von Unternehmern,
  bei denen hinsichtlich der
  Besteuerungsgrundlagen annä-
  hernd gleiche Verhältnisse
  vorliegen, und die nicht verpflichtet sind, Bücher zu führen und Abschlüsse zu machen
  (z.B. Unternehmen des Handwerks
  und des Einzelhandels)
- durch Rechtsverordnung Durch-
  schnittssätze festsetzen für
1. die abziehbaren Vorsteuerbeträge oder
2. die zu entrichtende Steuer
   (vgl. § 23 Abs. 1 UStG i.V.m.
   der Anlage zu §§ 69,70 UStDV)

Die zur Verein-
fachung festge-
legten Durch-
schnittsteuer-
sätze betragen
gem. § 24 Abs. 1
UStG je nach Art
der Umsätze
5 - 14%.

Spezifische Reiseleistungen gem.
§ 25 Abs. 1 UStG werden einer
Differenzbesteuerung unterwor-
fen, indem die Bemessungsgrundlage für die Reiseleistungen
als Differenz zwischen dem Betrag, den der Reisende für die
Reise aufwendet, und dem Betrag,
den der Unternehmer für Reiseleistungen aufzuwenden hat, be-
rechnet wird.

E 23

Die Steuer entsteht:

1. *für Lieferungen und sonstige Leistungen*
   a) bei Besteuerung nach vereinbarten Entgelten
      → mit Ablauf des Voranmeldungszeitraums, in dem
        die Leistungen ausgeführt worden sind
   Ausnahme:
      - Anzahlungen vor Ausführung der Leistung, wenn
        -- das vereinnahmte Entgelt mehr als 10.000 DM beträgt oder
        -- der Unternehmer eine Rechnung mit gesondertem Ausweis
           der Steuer erteilt hat
      → mit Ablauf des Voranmeldungszeitraums, in dem
        das Entgelt oder das Teilentgelt vereinnahmt worden ist

   b) bei Besteuerung nach vereinnahmten Entgelten   (§ 20 UStG)
      → mit Ablauf des Voranmeldungszeitraums, in dem
        das Entgelt vereinnahmt worden ist
   c) bei unentgeltlichen Leistungen i.S.d. § 1 Abs. 1 Ziff. 1b
      und 3 UStG
      → mit Ablauf des Voranmeldungszeitraums, in dem
        diese Leistungen ausgeführt worden sind
   d) in den Fällen der Einzelbesteuerung nach § 16 Abs. 5 UStG
      → in dem Zeitpunkt, in dem der Kraftomnibus in das
        Erhebungsgebiet gelangt

2. *für den Eigenverbrauch*
      → mit Ablauf des Voranmeldungszeitraums, in dem
        Gegenstände entnommen, sonstige Leistungen ausgeführt
        oder Aufwendungen gemacht worden sind

3. *für die Einfuhr*
      → nach den Bestimmungen des Zollrechts (vgl. § 21 Abs. 2 UStG)

4. *für Sonderfälle gem. § 14 Abs. 2,3 und § 17 Abs. 1 S. 2 UStG*
      → Sonderbestimmungen nach § 13 Abs. 1 Ziff. 3 - 5 UStG

SCHEMA DER UMSATZSTEUERBERECHNUNG (§ 16 USTG)

> Steuer auf die Summe der Umsätze nach § 1
> Abs. 1 Ziff. 1-3 UStG, soweit nicht die
> Einzelbesteuerung nach § 16 Abs. 5 UStG
> vorgesehen ist.(Einfuhrumsatzsteuer wird
> bereits bei der Einfuhr entrichtet)

(+)
> Steuerbeträge, die unberechtigterweise in
> Rechnung gestellt wurden
> (§ 14 Abs. 2 und 3 UStG)

(+)
> Steuerbeträge, die sich bei der Änderung
> der Bemessungsgrundlage ergeben
> (§ 17 Abs. 1 S. 2 UStG)

(./.)
> Abziehbare Vorsteuerbeträge
> (§ 15 UStG)

(./.)
> Einfuhrumsatzsteuer, die in dem Veranla-
> gungszeitraum entrichtet wurde und für die
> kein vorgezogener Abzug gem. § 16 Abs. 2
> S. 4 UStG vorgenommen wurde

(./.)
> Einfuhrumsatzsteuer, für die ein vorgezo-
> gener Abzug gem. § 16 Abs. 2 S. 4 UStG
> vorgenommen werden soll

(=)
> S t e u e r s c h u l d

E 25

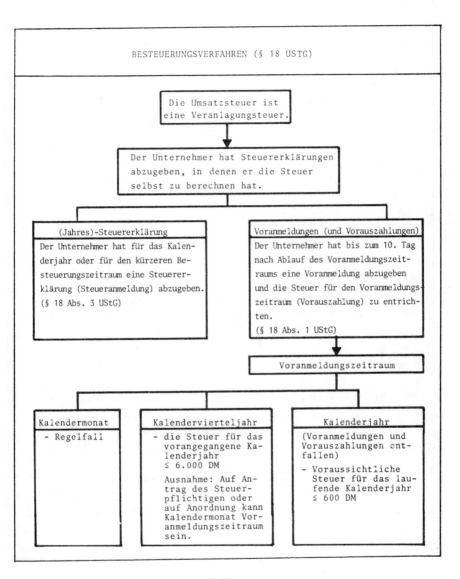

BESTEUERUNGSVERFAHREN (§ 18 USTG)

Die Umsatzsteuer ist eine Veranlagungsteuer.

Der Unternehmer hat Steuererklärungen abzugeben, in denen er die Steuer selbst zu berechnen hat.

(Jahres)-Steuererklärung

Der Unternehmer hat für das Kalenderjahr oder für den kürzeren Besteuerungszeitraum eine Steuererklärung (Steueranmeldung) abzugeben. (§ 18 Abs. 3 UStG)

Voranmeldungen (und Vorauszahlungen)

Der Unternehmer hat bis zum 10. Tag nach Ablauf des Voranmeldungszeitraums eine Voranmeldung abzugeben und die Steuer für den Voranmeldungszeitraum (Vorauszahlung) zu entrichten. (§ 18 Abs. 1 UStG)

Voranmeldungszeitraum

Kalendermonat
- Regelfall

Kalendervierteljahr
- die Steuer für das vorangegangene Kalenderjahr ≤ 6.000 DM

Ausnahme: Auf Antrag des Steuerpflichtigen oder auf Anordnung kann Kalendermonat Voranmeldungszeitraum sein.

Kalenderjahr
(Voranmeldungen und Vorauszahlungen entfallen)
- Voraussichtliche Steuer für das laufende Kalenderjahr ≤ 600 DM

E 26

DIE GRUNDERWERBSTEUER IM ÜBERBLICK

Gesetzesgrundlage:

- Bundeseinheitliches Grunderwerbsteuergesetz
  (GrEStG) vom 17.12.1982

Besteuerungsgegenstand:

- Rechtsvorgänge (Erwerbsvorgänge), die sich auf
  inländische Grundstücke beziehen (§ 1 GrEStG)

Bemessungsgrundlage:

- Wert der Gegenleistung (Regelfall gem. § 8 Abs. 1 GrEStG)
- Wert des Grundstücks
  -- wenn Gegenleistung nicht vorhanden oder nicht zu
     ermitteln ist,
  -- bei der Übertragung von Anteilen an einer Gesellschaft,
     zu deren Vermögen ein inländisches Grundstück gehört,
     i.S.v. § 1 Abs. 3 GrEStG (§ 8 Abs. 2 GrEStG)

Steuersatz:

- 2% (§ 11 Abs. 1 GrEStG)

Steuerschuldner:

- i.d.R. die an einem Erwerbsvorgang als Vertragsteile
  beteiligten Personen (§ 13 Ziff. 1 GrEStG)

Fälligkeit:

- i.d.R. ein Monat nach der Bekanntgabe des Steuerbescheids
  durch das (Lage-)Finanzamt (§ 15 GrEStG)

BESTEUERUNGSGEGENSTAND DER GRUNDERWERBSTEUER (§ 1 GRESTG)

Besteuerungsgegenstand
der GrESt (§ 1 GrEStG)

Haupttatbestand

Kaufverträge oder andere Rechtsgeschäfte, die den Anspruch auf Übereignung inländischer Grundstücke be-
gründen (§ 1 Abs. 1 Ziff. 1 GrEStG)

Nebentatbestände

- Auflassung (§ 1 Abs. 1 Ziff. 2 GrEStG)
- Eigentumsübergang ohne Rechtsgeschäft und Auflassung
  (§ 1 Abs. 1 Ziff. 3 GrEStG)
- Meistgebot im Zwangsversteigerungsverfahren
  (§ 1 Abs. 1 Ziff. 4 GrEStG)
- Begründung eines Anspruchs auf Abtretung von Ansprüchen
  oder Rechten (§ 1 Abs. 1 Ziff. 5 GrEStG)
- Begründung eines Anspruchs auf Abtretung der Rechte aus
  einem Kaufangebot (§ 1 Abs. 1 Ziff. 6 GrEStG)
- Abtretung von Rechten ohne anspruchsbegründendes
  Rechtsgeschäft (§ 1 Abs. 1 Ziff. 7 GrEStG)

Ersatztatbestände

Übertragung der (rechtlichen oder wirtschaftlichen)
Verfügungsmacht ohne Begründung eines Anspruchs auf
Übereignung (§ 1 Abs. 2 GrEStG)

Übertragung von Anteilen an einer Gesellschaft, zu
deren Vermögen ein inländisches Grundstück gehört
(§ 1 Abs. 3 GrEStG)

	Gesellschaftsteuer	Börsenumsatzsteuer
	DIE KAPITALVERKEHRSTEUERN IM ÜBERBLICK	
Gesetzesgrundlage	§§ 2-10, 26-29 KVStG	§§ 17-29 KVStG
Besteuerungsgegenstand	Ersterwerb von Gesellschaftsrechten an einer inländischen Kapitalgesellschaft (§ 2 KVStG) (Haupttatbestand)	Abschluß von Anschaffungsgeschäften über Wertpapiere (§ 17 KVStG)
Regel-Bemessungsgrundlage	Wert der Gegenleistung bzw. Wert der Gesellschaftsrechte (§ 8 KVStG)	Vereinbarter Preis (§ 23 KVStG)
Steuersatz	1% oder 0,5% (§ 9 KVStG)	1‰ - 2,5‰ (§ 24 KVStG)
Steuerschuldner	Kapitalgesellschaft, deren Eigenkapital durch Kapitalzufuhr gestärkt wird (§ 10 Abs. 1 KVStG)	a) bei Kundengeschäften: Händler b) bei Privatgeschäften: die Vertragsteile als Gesamtschuldner (§ 25 KVStG)
Fälligkeit	zwei Wochen nach Entstehung der Steuerschuld (§ 27 KVStG)	
Steuerzahlung bzw. -entrichtung	Erfolgt durch die Kapitalgesellschaft, nachdem die Steuerschuld vom zuständigen Finanzamt in einem Steuerbescheid festgesetzt wurde (§ 6 KVStDV)	a) bei Kundengeschäften: Jährliches Abrechnungsverfahren mit Abschlagszahlungen b) bei Privatgeschäften: Verwendung von Börsenumsatzsteuermarken (§§ 21 ff KVStDV)
Verwaltung	Bestimmte Finanzämter (Kapitalverkehrsteuerämter) (§ 1 KVStDV)	

F 3

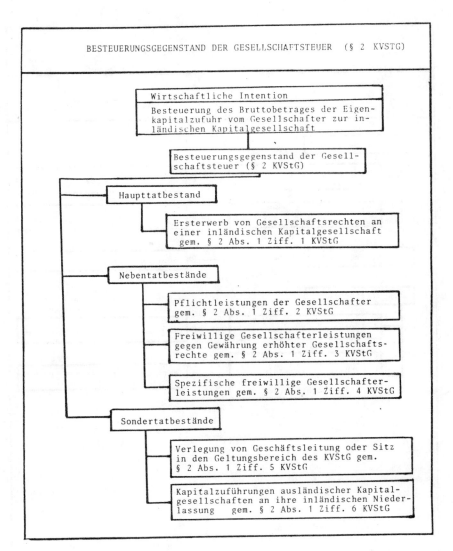

Wirtschaftliche Intention

Besteuerung des Bruttobetrages der Eigen-
kapitalzufuhr vom Gesellschafter zur inländischen Kapitalgesellschaft

Besteuerungsgegenstand der Gesellschaftsteuer (§ 2 KVStG)

Haupttatbestand

Ersterwerb von Gesellschaftsrechten an
einer inländischen Kapitalgesellschaft
gem. § 2 Abs. 1 Ziff. 1 KVStG

Nebentatbestände

Pflichtleistungen der Gesellschafter
gem. § 2 Abs. 1 Ziff. 2 KVStG

Freiwillige Gesellschafterleistungen
gegen Gewährung erhöhter Gesellschafts-
rechte gem. § 2 Abs. 1 Ziff. 3 KVStG

Spezifische freiwillige Gesellschafterleistungen gem. § 2 Abs. 1 Ziff. 4 KVStG

Sondertatbestände

Verlegung von Geschäftsleitung oder Sitz
in den Geltungsbereich des KVStG gem.
§ 2 Abs. 1 Ziff. 5 KVStG

Kapitalzuführungen ausländischer Kapitalgesellschaften an ihre inländischen Nieder-
lassung gem. § 2 Abs. 1 Ziff. 6 KVStG

F 4

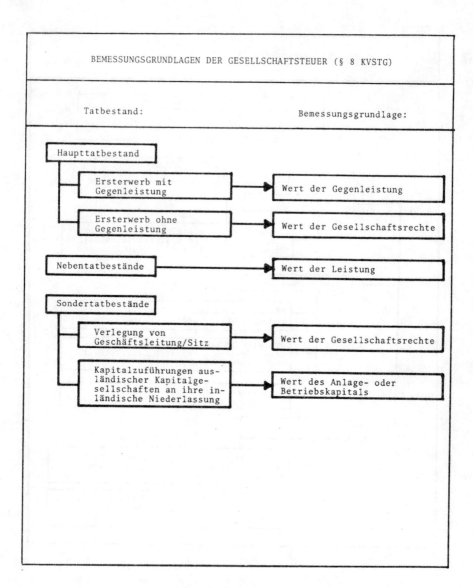

BEMESSUNGSGRUNDLAGEN DER GESELLSCHAFTSTEUER (§ 8 KVSTG)

Tatbestand: Bemessungsgrundlage:

Haupttatbestand

    Ersterwerb mit Gegenleistung → Wert der Gegenleistung

    Ersterwerb ohne Gegenleistung → Wert der Gesellschaftsrechte

Nebentatbestände → Wert der Leistung

Sondertatbestände

    Verlegung von Geschäftsleitung/Sitz → Wert der Gesellschaftsrechte

    Kapitalzuführungen ausländischer Kapitalgesellschaften an ihre inländische Niederlassung → Wert des Anlage- oder Betriebskapitals

DIE WECHSELSTEUER IM ÜBERBLICK

Gesetzesgrundlage:

- Wechselsteuergesetz (WStG)

Besteuerungsgegenstand:

- "Inverkehrbringen" von Wechseln i.S.d. §§ 1, 2 WStG

Bemessungsgrundlage:

- Wechselsumme (§ 7 WStG)

Steuersatz:

- 0,15 DM pro angefangene 100,- DM = 1,5‰ (§ 8 Abs. 1 WStG)
- bei Export- und Importwechseln ermäßigt sich die WSt um 50% (§ 8 Abs. 2 WStG)

Steuerschuldner:

- wer den Wechsel im Zeitpunkt der Entstehung der Steuer aushändigt (§ 9 Abs. 1 WStG)

Fälligkeit:

- mit Entstehung der Steuer (§ 10 WStG)

Entrichtung:

- durch Verwendung von Wechselsteuermarken (§§ 4-12 WStDV)
- durch Verwendung eines Steuerstempels (§§ 4, 14 WStDV)

VERSICHERUNGSTEUER UND KRAFTFAHRZEUGSTEUER IM ÜBERBLICK

	Versicherungsteuer	Kraftfahrzeugsteuer
Gesetzesgrundlage	Versicherungsteuergesetz (VersStG)	Kraftfahrzeugsteuergesetz (KraftStG)
Besteuerungsgegenstand	Die Zahlung des Versicherungsentgeltes auf Grund von Versicherungsverhältnissen gem. § 1 VersStG	- das Halten von Fahrzeugen, - die widerrechtliche Benutzung von Fahrzeugen und - die Zuteilung von roten Kennzeichen (§ 1 Abs. 1 KraftStG)
Regel-Bemessungsgrundlage	Versicherungsentgelt (§ 5 Abs. 1 VersStG)	a) bei Krafträdern und PKW: - Hubraum b) bei anderen Fahrzeugen: - zulässiges Gesamtgewicht und Anzahl der Achsen (§ 8 KraftStG)
Steuersatz	i.d.R. 5% (§ 6 Abs. 1 VersStG)	Gestaffelte Beträge für eine bestimmte Anzahl von Bemessungsgrundlageneinheiten (§ 9 KraftStG)
Steuerschuldner	Versicherungsnehmer (§ 7 Abs. 1 VersStG)	Person, für die das Fahrzeug zum Verkehr zugelassen ist bzw. die das Fahrzeug benutzt (§ 7 KraftStG)
Fälligkeit	Zwei Wochen nach Entstehung der Steuer (§ 8 VersStG)	Die Steuer ist jeweils für die Dauer eines Jahres im voraus zu entrichten. (§ 11 Abs. 1 KraftStG)
Steuerbekanntgabe und -zahlung	Der Versicherer hat die Steuer für Rechnung des Versicherungsnehmers zu entrichten. (§ 7 Abs. 1 VersStG)	Sie wird dem Steuerschuldner vom Finanzamt durch eine Steuerfestsetzungsverfügung bekanntgegeben. (§ 12 KraftStG)

Besteuerungs-gegenstand	Kapital bzw. Vermögen			
Steuer-arten	Vermögen-steuer	Gewerbekapi-talsteuer	Grundsteuer	Erbschaft-steuer
Steuer-pflicht/-gegen-stand	Natürliche und juristische Personen gem. §§ 1, 2 VStG	Gewerbebetrieb gem. § 2 GewStG	Grundbesitz gem. § 2 GrStG	Erbschaften und Schenkungen von oder an Inländer gem. §§ 1, 2 ErbStG
Bemes-sungs-grund-lage	Gesamtvermögen bzw. Inlandsver-mögen (§ 4 VStG)	Gewerbekapital (§ 12 GewStG)	Einheitswert des Grundbe-sitzes (§ 13 GrStG)	Wert des steu-erpflichtigen Erwerbs (§ 10 ErbStG)
Steuer-satz	- für natürliche Personen 0,5 % - für juristische Personen 0,6 % (§ 10 VStG)	Steuermeßzahl (2 ‰) x gemeindeabh. Hebesatz(§§ 13, 16 Abs.1 GewStG)	Steuermeßzahl (2,6-6%)x gemeindeabh. Hebesatz(§§ 14, 15, 25 GrStG)	je nach Steuer-klasse u. Wert des steuer-pflichtigen Erwerbs 3%-70% (§ 19 ErbStG)
Entrich-tung	i.d.R. vierteljährliche Vorauszahlungen, die i.d.R. nach der Steuerschuld des vorangegangenen Jahres ermittelt werden, und Abschlußzahlung bzw. Aufrech-nung oder Zurückzahlung nach Bekanntgabe des Steu-erbescheids (§§ 20-23 VStG, 19-21 GewStG, 28-31 GrStG)			Der Steuer-schuldner hat die selbstbe-rechnete Steu-er innerhalb eines Monats nach Abgabe der Steuererklärung zu entrichten (§ 31 Abs. 7 S. 2 ErbStG)

BEDEUTUNG DES BEWERTUNGSGESETZES

Aufgaben des BewG:

- Bestimmung, Abgrenzung und Zusammenfassung von Bewertungs-
  gegenständen
- Zuordnung von Bewertungsgegenständen zu Personen und
  Sachgruppen
- Festlegung von Maßstäben für die Bewertung.

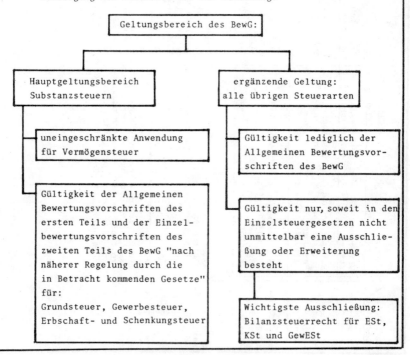

Geltungsbereich des BewG:

Hauptgeltungsbereich
Substanzsteuern

ergänzende Geltung:
alle übrigen Steuerarten

uneingeschränkte Anwendung
für Vermögensteuer

Gültigkeit lediglich der
Allgemeinen Bewertungsvorschriften des BewG

Gültigkeit der Allgemeinen
Bewertungsvorschriften des
ersten Teils und der Einzel-
bewertungsvorschriften des
zweiten Teils des BewG "nach
näherer Regelung durch die
in Betracht kommenden Gesetze"
für:
Grundsteuer, Gewerbesteuer,
Erbschaft- und Schenkungsteuer

Gültigkeit nur, soweit in den
Einzelsteuergesetzen nicht
unmittelbar eine Ausschließung oder Erweiterung
besteht

Wichtigste Ausschließung:
Bilanzsteuerrecht für ESt,
KSt und GewESt

G 2

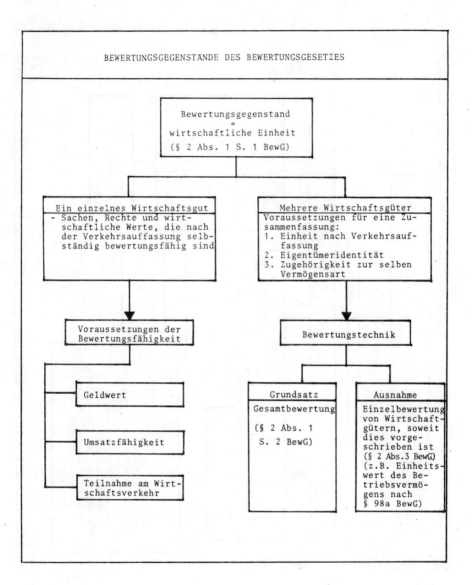

BEWERTUNGSGEGENSTÄNDE DES BEWERTUNGSGESETZES

Bewertungsgegenstand
=
wirtschaftliche Einheit
(§ 2 Abs. 1 S. 1 BewG)

Ein einzelnes Wirtschaftsgut
- Sachen, Rechte und wirtschaftliche Werte, die nach der Verkehrsauffassung selbständig bewertungsfähig sind

Mehrere Wirtschaftsgüter
Voraussetzungen für eine Zusammenfassung:
1. Einheit nach Verkehrsauffassung
2. Eigentümeridentität
3. Zugehörigkeit zur selben Vermögensart

Voraussetzungen der Bewertungsfähigkeit

Bewertungstechnik

Geldwert

Umsatzfähigkeit

Teilnahme am Wirtschaftsverkehr

Grundsatz
Gesamtbewertung
(§ 2 Abs. 1 S. 2 BewG)

Ausnahme
Einzelbewertung von Wirtschaftgütern, soweit dies vorgeschrieben ist (§ 2 Abs.3 BewG) (z.B. Einheitswert des Betriebsvermögens nach § 98a BewG)

BEWERTUNGSMAßSTÄBE IM BEWG

= Konzeption, nach der dem Bewertungsgegenstand eine Geldgröße zugeordnet wird.

Bewertungsmaßstab

Gemeiner Wert (§ 9 BewG)

Definition:

Der gemeine Wert wird durch den Preis bestimmt, der im gewöhnlichen Geschäftsverkehr nach der Beschaffenheit des Wirtschaftsgutes bei einer Veräußerung zu erzielen wäre.
(§ 9 Abs. 2 S. 1 BewG)

Anwendungsbereich:

1. Wertpapiere und Anleihen (§ 11 BewG)
2. Wiederkehrende Nutzungen und Leistungen (§§ 13 Abs. 3 und 14 Abs. 4 BewG)
3. Grundvermögen (§§ 68, 78-90 BewG)
4. Mineralgewinnungsrechte (§ 100 BewG)
5. Einzelne Wirtschaftsgüter des Betriebsvermögens (§ 109 Abs. 2,3 BewG)
6. Sonstiges Vermögen (§ 110 BewG)
7. Schulden und Abzüge (§ 118 BewG)
8. Wohnungswert des land- und forstwirtschaftlichen Vermögens (§ 47 BewG)
9. Ausländisches Sachvermögen (§ 31 Abs. 1 BewG)

Teilwert (§ 10 BewG)

Teilwert ist der Betrag, den ein Erwerber des ganzen Unternehmens im Rahmen des Gesamtkaufpreises für das einzelne Wirtschaftsgut ansetzen würde. Dabei ist davon auszugehen, daß der Erwerber das Unternehmen fortführt.
(§ 10 S. 2 u. 3 BewG)

Betriebsvermögen (§ 109 Abs. 1 BewG)

Ertragswert (§ 36 BewG)

Bei der Ermittlung des Ertragswerts ist von der Ertragsfähigkeit auszugehen. Ertragsfähigkeit ist der bei ordnungsmäßiger und schuldenfreier Bewirtschaftung mit entlohnten fremden Arbeitskräften gemeinhin und nachhaltig erzielbarer Reinertrag. Ertragswert ist das Achtzehnfache dieses Reinertrags.
(§ 36 Abs. 2 BewG)

Land- und forstwirtschaftliches Vermögen (§ 36 Abs. 1 BewG)

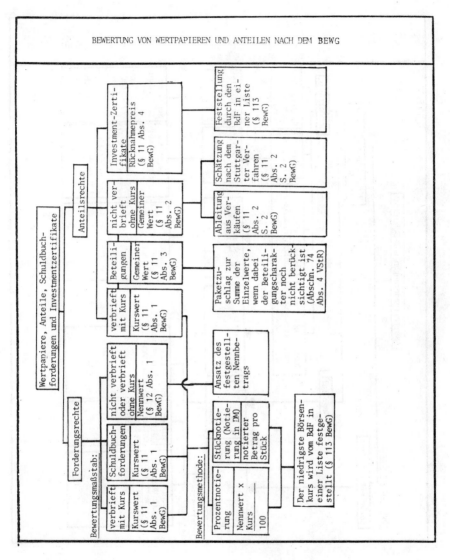

BEWERTUNG VON WERTPAPIEREN UND ANTEILEN NACH DEM BEWG

G 5

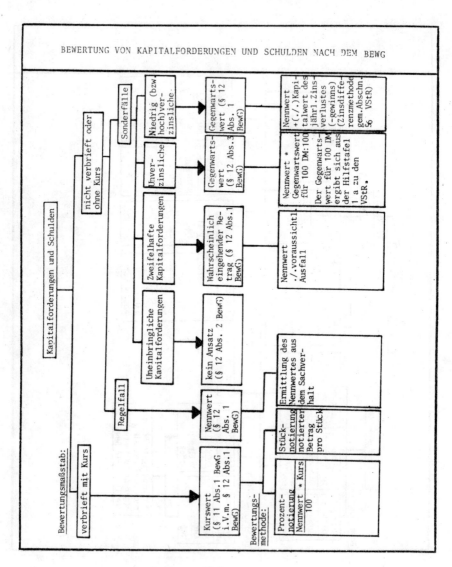

BEWERTUNG VON KAPITALFORDERUNGEN UND SCHULDEN NACH DEM BEWG

Kapitalforderungen und Schulden

Bewertungsmaßstab:

verbrieft mit Kurs

nicht verbrieft oder ohne Kurs

Sonderfälle

Regelfall

Niedrig (bzw. hochverzinsliche

Unverzinsliche

Zweifelhafte Kapitalforderungen

Uneinbringliche Kapitalforderungen

Gegenwartswert (§ 12 BewG)

Gegenwartswert (§ 12 Abs. 3 BewG)

Wahrscheinlich eingehender Betrag (§ 12 Abs. 1 BewG)

kein Ansatz (§ 12 Abs. 2 BewG)

Nennwert (§ 12 Abs. 1 BewG)

Kurswert (§ 11 Abs. 1 BewG i.V.m. § 12 Abs. 1 BewG)

Nennwert +(./.)Kapitalwert des jährl.Zinsverlustes (-gewinns) (Zinsdifferenzmethode gem.Abschn. 56 VStR.)

Nennwert * Gegenwartswert für 100 DM:100

Der Gegenwartswert für 100 DM ergibt sich aus der Hilfstafel 1 a zu den VStR.

Nennwert ./.voraussichtl. Ausfall

Bewertungsmethode:

Stücknotierung notierten Betrag pro Stück

Prozentnotierung
$$\frac{\text{Nennwert} * \text{Kurs}}{100}$$

Ermittlung des Nennwertes aus dem Sachverhalt

G 6

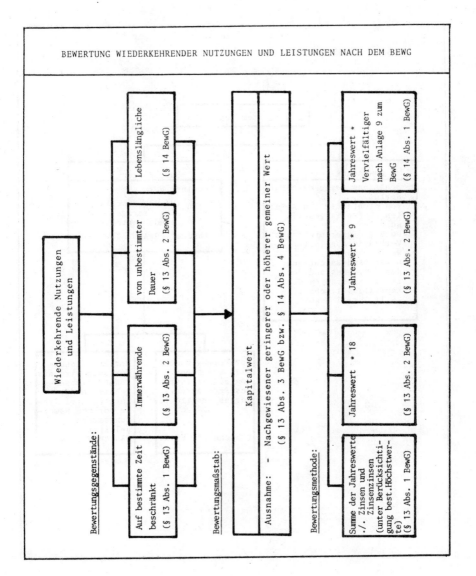

BEWERTUNG WIEDERKEHRENDER NUTZUNGEN UND LEISTUNGEN NACH DEM BEWG

Bewertungsgegenstände:

Wiederkehrende Nutzungen und Leistungen

Auf bestimmte Zeit beschränkt

(§ 13 Abs. 1 BewG)

Immerwährende

(§ 13 Abs. 2 BewG)

von unbestimmter Dauer

(§ 13 Abs. 2 BewG)

Lebenslängliche

(§ 14 BewG)

Bewertungsmaßstab:

Kapitalwert

Ausnahme: - Nachgewiesener geringerer oder höherer gemeiner Wert

(§ 13 Abs. 3 BewG bzw. § 14 Abs. 4 BewG)

Bewertungsmethode:

Summe der Jahreswerte ./. Zinsen und Zinseszinsen (unter Berücksichtigung best.Höchstwerte)

(§ 13 Abs. 1 BewG)

Jahreswert * 18

(§ 13 Abs. 2 BewG)

Jahreswert * 9

(§ 13 Abs. 2 BewG)

Jahreswert * Vervielfältiger nach Anlage 9 zum BewG

(§ 14 Abs. 1 BewG)

G 7

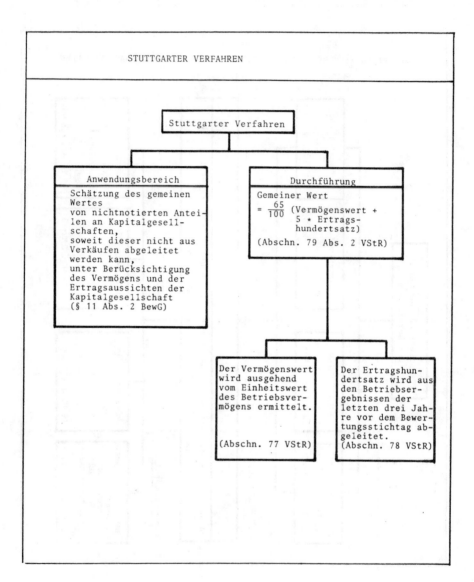

Stuttgarter Verfahren

Anwendungsbereich

Schätzung des gemeinen Wertes von nichtnotierten Anteilen an Kapitalgesellschaften, soweit dieser nicht aus Verkäufen abgeleitet werden kann, unter Berücksichtigung des Vermögens und der Ertragsaussichten der Kapitalgesellschaft (§ 11 Abs. 2 BewG)

Durchführung

Gemeiner Wert
$$= \frac{65}{100} \text{ (Vermögenswert + 5 * Ertragshundertsatz)}$$
(Abschn. 79 Abs. 2 VStR)

Der Vermögenswert wird ausgehend vom Einheitswert des Betriebsvermögens ermittelt.

(Abschn. 77 VStR)

Der Ertragshundertsatz wird aus den Betriebsergebnissen der letzten drei Jahre vor dem Bewertungsstichtag abgeleitet.
(Abschn. 78 VStR)

WESEN DER EINHEITSBEWERTUNG
(ABGELEITET AUS EINER DEFINITION DES BEGRIFFES "EINHEITSWERT")

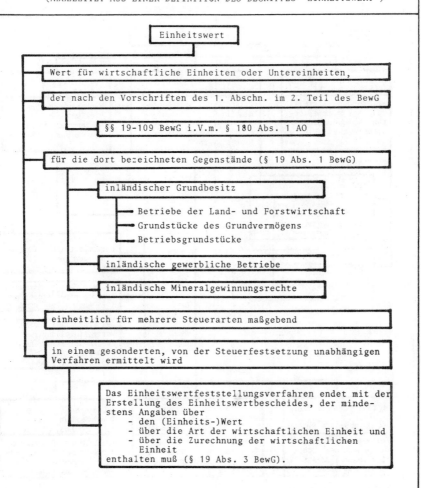

Einheitswert

Wert für wirtschaftliche Einheiten oder Untereinheiten,

der nach den Vorschriften des 1. Abschn. im 2. Teil des BewG

§§ 19-109 BewG i.V.m. § 180 Abs. 1 AO

für die dort bezeichneten Gegenstände (§ 19 Abs. 1 BewG)

inländischer Grundbesitz

- Betriebe der Land- und Forstwirtschaft
- Grundstücke des Grundvermögens
- Betriebsgrundstücke

inländische gewerbliche Betriebe

inländische Mineralgewinnungsrechte

einheitlich für mehrere Steuerarten maßgebend

in einem gesonderten, von der Steuerfestsetzung unabhängigen
Verfahren ermittelt wird

Das Einheitswertfeststellungsverfahren endet mit der
Erstellung des Einheitswertbescheides, der mindestens Angaben über
- den (Einheits-)Wert
- über die Art der wirtschaftlichen Einheit und
- über die Zurechnung der wirtschaftlichen
  Einheit
enthalten muß (§ 19 Abs. 3 BewG).

G 9

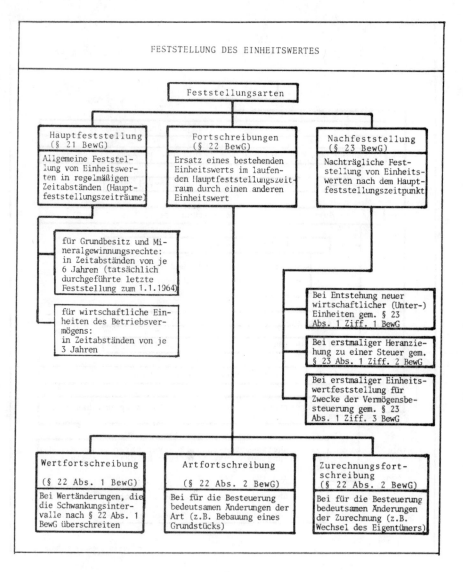

FESTSTELLUNG DES EINHEITSWERTES

Feststellungsarten

Hauptfeststellung (§ 21 BewG)	Fortschreibungen (§ 22 BewG)	Nachfeststellung (§ 23 BewG)
Allgemeine Feststellung von Einheitswerten in regelmäßigen Zeitabständen (Hauptfeststellungszeiträume)	Ersatz eines bestehenden Einheitswerts im laufenden Hauptfeststellungszeitraum durch einen anderen Einheitswert	Nachträgliche Feststellung von Einheitswerten nach dem Hauptfeststellungszeitpunkt

für Grundbesitz und Mineralgewinnungsrechte: in Zeitabständen von je 6 Jahren (tatsächlich durchgeführte letzte Feststellung zum 1.1.1964)

für wirtschaftliche Einheiten des Betriebsvermögens: in Zeitabständen von je 3 Jahren

Bei Entstehung neuer wirtschaftlicher (Unter-) Einheiten gem. § 23 Abs. 1 Ziff. 1 BewG

Bei erstmaliger Heranziehung zu einer Steuer gem. § 23 Abs. 1 Ziff. 2 BewG

Bei erstmaliger Einheitswertfeststellung für Zwecke der Vermögensbesteuerung gem. § 23 Abs. 1 Ziff. 3 BewG

Wertfortschreibung (§ 22 Abs. 1 BewG)	Artfortschreibung (§ 22 Abs. 2 BewG)	Zurechnungsfortschreibung (§ 22 Abs. 2 BewG)
Bei Wertänderungen, die die Schwankungsintervalle nach § 22 Abs. 1 BewG überschreiten	Bei für die Besteuerung bedeutsamen Änderungen der Art (z.B. Bebauung eines Grundstücks)	Bei für die Besteuerung bedeutsamen Änderungen der Zurechnung (z.B. Wechsel des Eigentümers)

Land- und forstwirtschaftliches Vermögen

Alle Wirtschaftsgüter, die einem Betrieb der Land- und Forstwirtschaft dauernd zu dienen bestimmt sind (§ 33 Abs. 1 S. 1 BewG)

Wirtschaftsteil
(§ 34 Abs. 2 BewG)

- land- und forstwirtschaftliche Nutzungen gem. § 34 Abs. 2 Ziff. 1 BewG
- Abbauland, Geringstland und Unland
- Nebenbetriebe

Wohnteil
(§ 34 Abs. 3 BewG)

Die dem Betriebsinhaber, den zu seinem Haushalt gehörenden Familienangehörigen und den Altenteilern zu Wohnzwecken dienenden Gebäude und Gebäudeteile

Ertragswert
(§ 36 Abs. 1 BewG)

Gemeiner Wert
(§ 47 BewG)

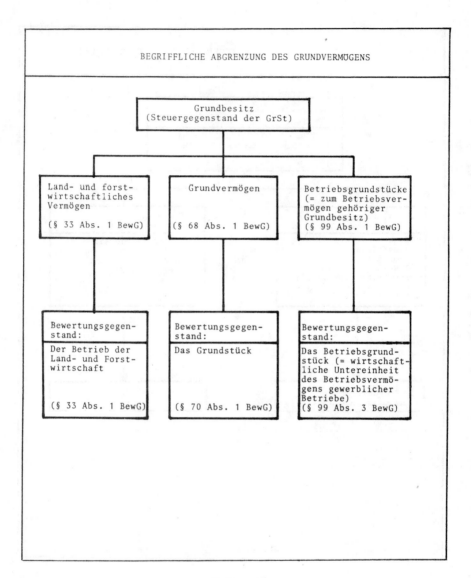

BEGRIFFLICHE ABGRENZUNG DES GRUNDVERMÖGENS

Grundbesitz
(Steuergegenstand der GrSt)

Land- und forst-
wirtschaftliches
Vermögen

(§ 33 Abs. 1 BewG)

Grundvermögen

(§ 68 Abs. 1 BewG)

Betriebsgrundstücke
(= zum Betriebsver-
mögen gehöriger
Grundbesitz)
(§ 99 Abs. 1 BewG)

Bewertungsgegen-
stand:
Der Betrieb der
Land- und Forst-
wirtschaft

(§ 33 Abs. 1 BewG)

Bewertungsgegen-
stand:
Das Grundstück

(§ 70 Abs. 1 BewG)

Bewertungsgegen-
stand:
Das Betriebsgrund-
stück (= wirtschaft-
liche Untereinheit
des Betriebsvermö-
gens gewerblicher
Betriebe)
(§ 99 Abs. 3 BewG)

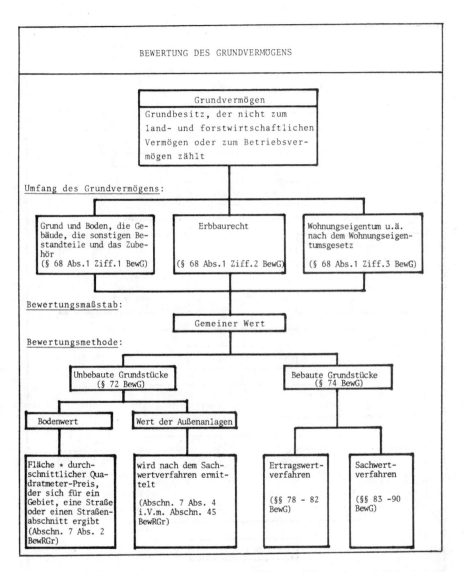

BEWERTUNG DES GRUNDVERMÖGENS

Grundvermögen
Grundbesitz, der nicht zum land- und forstwirtschaftlichen Vermögen oder zum Betriebsvermögen zählt

Umfang des Grundvermögens:

Grund und Boden, die Gebäude, die sonstigen Bestandteile und das Zubehör
(§ 68 Abs.1 Ziff.1 BewG)

Erbbaurecht
(§ 68 Abs.1 Ziff.2 BewG)

Wohnungseigentum u.ä. nach dem Wohnungseigentumsgesetz
(§ 68 Abs.1 Ziff.3 BewG)

Bewertungsmaßstab:

Gemeiner Wert

Bewertungsmethode:

Unbebaute Grundstücke
(§ 72 BewG)

Bebaute Grundstücke
(§ 74 BewG)

Bodenwert

Wert der Außenanlagen

Fläche * durchschnittlicher Quadratmeter-Preis, der sich für ein Gebiet, eine Straße oder einen Straßenabschnitt ergibt
(Abschn. 7 Abs. 2 BewRGr)

wird nach dem Sachwertverfahren ermittelt
(Abschn. 7 Abs. 4 i.V.m. Abschn. 45 BewRGr)

Ertragswertverfahren
(§§ 78 - 82 BewG)

Sachwertverfahren
(§§ 83 -90 BewG)

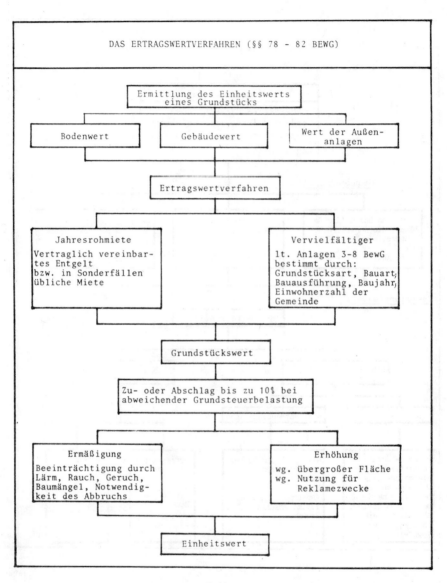

DAS ERTRAGSWERTVERFAHREN (§§ 78 - 82 BEWG)

Ermittlung des Einheitswerts
eines Grundstücks

Bodenwert

Gebäudewert

Wert der Außen-
anlagen

Ertragswertverfahren

Jahresrohmiete

Vertraglich vereinbar-
tes Entgelt
bzw. in Sonderfällen
übliche Miete

Vervielfältiger

lt. Anlagen 3-8 BewG
bestimmt durch:
Grundstücksart, Bauart,
Bauausführung, Baujahr,
Einwohnerzahl der
Gemeinde

Grundstückswert

Zu- oder Abschlag bis zu 10% bei
abweichender Grundsteuerbelastung

Ermäßigung

Beeinträchtigung durch
Lärm, Rauch, Geruch,
Baumängel, Notwendig-
keit des Abbruchs

Erhöhung

wg. übergroßer Fläche
wg. Nutzung für
Reklamezwecke

Einheitswert

G 14

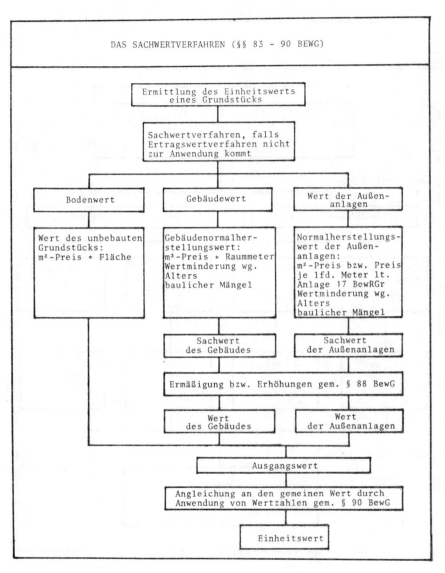

DAS SACHWERTVERFAHREN (§§ 83 - 90 BEWG)

Ermittlung des Einheitswerts
eines Grundstücks

Sachwertverfahren, falls
Ertragswertverfahren nicht
zur Anwendung kommt

Bodenwert

Gebäudewert

Wert der Außen-
anlagen

Wert des unbebauten
Grundstücks:
m²-Preis * Fläche

Gebäudenormalher-
stellungswert:
m³-Preis * Raummeter
Wertminderung wg.
Alters
baulicher Mängel

Normalherstellungs-
wert der Außen-
anlagen:
m²-Preis bzw. Preis
je lfd. Meter lt.
Anlage 17 BewRGr
Wertminderung wg.
Alters
baulicher Mängel

Sachwert
des Gebäudes

Sachwert
der Außenanlagen

Ermäßigung bzw. Erhöhungen gem. § 88 BewG

Wert
des Gebäudes

Wert
der Außenanlagen

Ausgangswert

Angleichung an den gemeinen Wert durch
Anwendung von Wertzahlen gem. § 90 BewG

Einheitswert

G 15

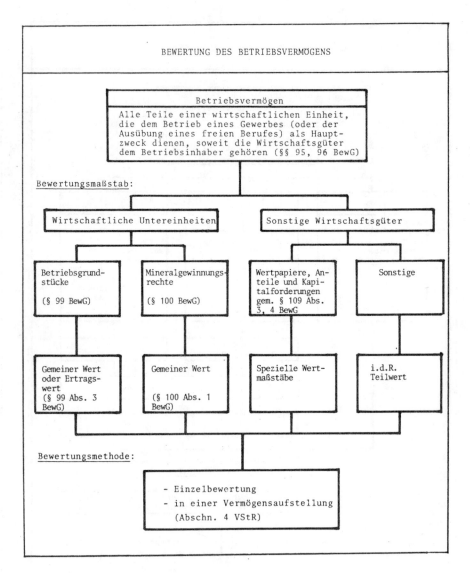

BEWERTUNG DES BETRIEBSVERMÖGENS

Betriebsvermögen

Alle Teile einer wirtschaftlichen Einheit,
die dem Betrieb eines Gewerbes (oder der
Ausübung eines freien Berufes) als Haupt-
zweck dienen, soweit die Wirtschaftsgüter
dem Betriebsinhaber gehören (§§ 95, 96 BewG)

Bewertungsmaßstab:

Wirtschaftliche Untereinheiten

Sonstige Wirtschaftsgüter

Betriebsgrund-
stücke

(§ 99 BewG)

Mineralgewinnungs-
rechte

(§ 100 BewG)

Wertpapiere, An-
teile und Kapi-
talforderungen
gem. § 109 Abs.
3, 4 BewG

Sonstige

Gemeiner Wert
oder Ertrags-
wert
(§ 99 Abs. 3
BewG)

Gemeiner Wert

(§ 100 Abs. 1
BewG)

Spezielle Wert-
maßstäbe

i.d.R.
Teilwert

Bewertungsmethode:

- Einzelbewertung
- in einer Vermögensaufstellung
  (Abschn. 4 VStR)

Land- und forstwirtschaftliches Vermögen (§§ 33 - 67 BewG)

+ Grundvermögen (§§ 68 - 94 BewG)

+ 75% des Betriebsvermögens (§§ 95 - 109 BewG), soweit es den Freibetrag in Höhe von DM 125.000,- übersteigt (§ 117a Abs. 1 BewG)

+ Sonstiges Vermögen (§§ 110 - 13a BewG)

= | R o h v e r m ö g e n |

./. Schulden und Lasten (§ 118 Abs. 1 Ziff. 1 BewG)

./. Sonstige Abzüge

      - Pensionsanwartschaftsverpflichtungen gem. § 118 Abs. 1 Ziff. 2 BewG

      - Spezielle Abzüge für Land- und Forstwirte gem. § 118 Abs. 1 Ziff. 3 BewG

= | G e s a m t v e r m ö g e n |

G 17

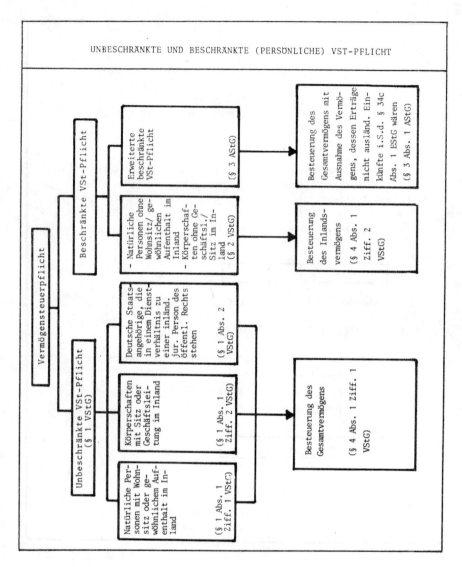

G 18

BERECHNUNG DER VERMÖGENSTEUER

Unbeschränkt Steuerpflichtige (§ 1 VStG):	Beschränkt Steuerpflichtige (§ 2 VStG):	Erweitert beschränkt Steuerpflichtige (§ 3 AStG):

Gesamtvermögen
(§ 118 BewG)
- für Körperschaften
  Freigrenze von
  20.000 DM
  (§ 9 Ziff.1b VStG)

Inlandsvermögen
(§ 121 BewG)
- Freigrenze von
  20.000 DM
  (§ 9 Ziff.2 VStG)

Vermögen gem. § 3
Abs. 1 AStG

./. Freibeträge für
    natürl. Personen
    (§ 6 VStG)
    - familienstandsabhängige
      Freibeträge
    - Altersfreibeträge

./. Freibetrag nach
    § 3 Abs. 2 AStG
    (60.000,- DM)

Steuerpflichtiges Vermögen
(§ 9 VStG)
*

Steuersatz (§ 10 VStG)
- für natürliche Personen: 0,5%
- für juristische Personen: 0,6%

=

Vermögensteuerschuld

./. Anrechnung ausländischer Steuern
    (§ 11 VStG) oder
    Steuerermäßigung bei Auslands-
    vermögen
    (§ 12 VStG)

Zu entrichtende Vermögensteuer

G 19

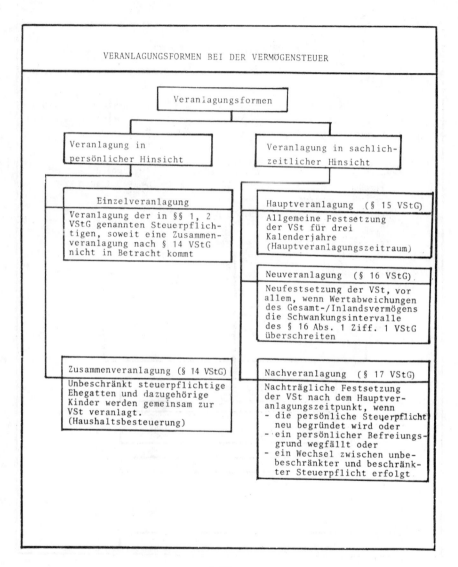

VERANLAGUNGSFORMEN BEI DER VERMÖGENSTEUER

Veranlagungsformen

Veranlagung in persönlicher Hinsicht

Veranlagung in sachlich-zeitlicher Hinsicht

Einzelveranlagung

Veranlagung der in §§ 1, 2 VStG genannten Steuerpflichtigen, soweit eine Zusammenveranlagung nach § 14 VStG nicht in Betracht kommt

Hauptveranlagung (§ 15 VStG)

Allgemeine Festsetzung der VSt für drei Kalenderjahre (Hauptveranlagungszeitraum)

Neuveranlagung (§ 16 VStG)

Neufestsetzung der VSt, vor allem, wenn Wertabweichungen des Gesamt-/Inlandsvermögens die Schwankungsintervalle des § 16 Abs. 1 Ziff. 1 VStG überschreiten

Zusammenveranlagung (§ 14 VStG)

Unbeschränkt steuerpflichtige Ehegatten und dazugehörige Kinder werden gemeinsam zur VSt veranlagt. (Haushaltsbesteuerung)

Nachveranlagung (§ 17 VStG)

Nachträgliche Festsetzung der VSt nach dem Hauptveranlagungszeitpunkt, wenn
- die persönliche Steuerpflicht neu begründet wird oder
- ein persönlicher Befreiungsgrund wegfällt oder
- ein Wechsel zwischen unbeschränkter und beschränkter Steuerpflicht erfolgt

Einheitswert des gewerblichen Betriebs, der auf dem letzten Feststellungszeitpunkt vor dem Ende des Erhebungszeitraums beruht (§ 12 Abs. 1, 5 GewStG)

(+) Hinzurechnungen gem. § 12 Abs. 2 GewStG

Verbindlichkeiten, soweit sie im Einheitswert nicht enthalten sind (§ 12 Abs. 2 Ziff. 1 GewStG)

- 50% der Dauerschulden, die den Freibetrag von 50.000 DM übersteigen
- Kapitalwerte bestimmter Renten und dauernder Lasten
- Einlagen stiller Gesellschafter

Werte (Teilwerte) der nicht in Grundbesitz bestehenden Wirtschaftsgüter, die dem Betrieb dienen, aber im Eigentum eines Mitunternehmers oder eines Dritten stehen, soweit sie nicht im Einheitswert enthalten sind (§ 12 Abs. 2 Ziff. 2 GewStG)

- Gemietete oder gepachtete Wirtschaftsgüter
- Beteiligungswerte an Mitunternehmergemeinschaften

(./.) Kürzungen (§ 12 Abs. 3 GewStG)

- Einheitswerte der Betriebsgrundstücke gem. Ziff. 1
- Beteiligungen an Mitunternehmergemeinschaften gem. Ziff. 2
- Schachtelbeteiligungen gem. Ziff. 2a
- Vermietete oder verpachtete Wirtschaftsgüter gem. Ziff. 3
- Beteiligungen an ausländischen Gesellschaften gem. Ziff. 4 und 5

(=) Gewerbekapital vor Abrundung und Freibetragsabzug

ERMITTLUNG DER GRUNDSTEUER

Einheitswert des Grundbesitzes oder sein
steuerpflichtiger Teil (§ 13 Abs. 1 GrStG)

- Betriebe der Land- und Forstwirtschaft
- Grundstücke des Grundvermögens
- Betriebsgrundstücke

(*) Steuermeßzahl

- für Betriebe der Land- und Forstwirtschaft: 6‰
  (§ 14 GrStG)
- für Grundstücke: 3,5‰ (§ 15 Abs. 1 GrStG)

  Ausnahme: Sonderregelung für Ein- und
  Zweifamilienhäuser gem.
  § 15 Abs. 2 GrStG

(=) Steuermeßbetrag (§ 13 GrStG)

↓

ggf. Zerlegung

↓

Gemeindeabhängiger Hebesatz (§ 25 GrStG)
- a) für Betriebe der Land- und Forstwirtschaft
- b) für Grundstücke

↓

Grundsteuer

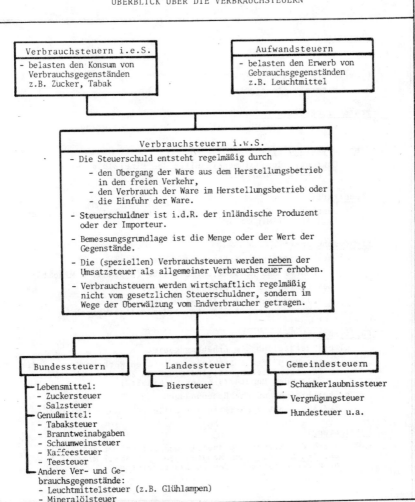

Verbrauchsteuern i.e.S.
- belasten den Konsum von
  Verbrauchsgegenständen
  z.B. Zucker, Tabak

Aufwandsteuern
- belasten den Erwerb von
  Gebrauchsgegenständen
  z.B. Leuchtmittel

Verbrauchsteuern i.w.S.

- Die Steuerschuld entsteht regelmäßig durch
    - den Übergang der Ware aus dem Herstellungsbetrieb
      in den freien Verkehr,
    - den Verbrauch der Ware im Herstellungsbetrieb oder
    - die Einfuhr der Ware.
- Steuerschuldner ist i.d.R. der inländische Produzent
  oder der Importeur.
- Bemessungsgrundlage ist die Menge oder der Wert der
  Gegenstände.
- Die (speziellen) Verbrauchsteuern werden neben der
  Umsatzsteuer als allgemeiner Verbrauchsteuer erhoben.
- Verbrauchsteuern werden wirtschaftlich regelmäßig
  nicht vom gesetzlichen Steuerschuldner, sondern im
  Wege der Überwälzung vom Endverbraucher getragen.

Bundessteuern
- Lebensmittel:
  - Zuckersteuer
  - Salzsteuer
- Genußmittel:
  - Tabaksteuer
  - Branntweinabgaben
  - Schaumweinsteuer
  - Kaffeesteuer
  - Teesteuer
- Andere Ver- und Ge-
  brauchsgegenstände:
  - Leuchtmittelsteuer (z.B. Glühlampen)
  - Mineralölsteuer

Landessteuer
- Biersteuer

Gemeindesteuern
- Schankerlaubnissteuer
- Vergnügungsteuer
- Hundesteuer u.a.

H 1

DIE MINERALÖLSTEUER IM ÜBERBLICK

Charakter:

- Verbrauchsteuer

Gesetzesgrundlage:

- Mineralölsteuergesetz (MinöStG)

Besteuerungsgegenstand:

- Verbrauch von Mineralöl i.S.v. § 1 Abs. 2 MinöStG

Bemessungsgrundlage:

- Gewicht- oder Volumeneinheiten des Mineralöls
  (§ 2 Abs. 1 MinöStG)

Steuertarif:

- Festbeträge für jeweils 100 Bemessungsgrundlageneinheiten
  (§ 2 Abs. 1 MinöStG)

Steuerschuldner:

   a) bei Herstellung im Erhebungsgebiet:

      - Inhaber des Herstellungsbetriebs (§ 3 Abs. 2 MinöStG)

   b) bei Einfuhr in das Erhebungsgebiet:

      - Zollschuldner (§ 7 Abs. 1 MinöStG i.V.m.
                       § 35a Abs. 1 des Zollgesetzes)

Fälligkeit:

   a) bei Herstellung im Erhebungsgebiet:

      - je zur Hälfte spätestens am letzten Werktag des auf die
        Steuerentstehung folgenden und am 20. des zweiten
        folgenden Monats (§ 6 Abs. 1 MinöStG)

   b) bei Einfuhr in das Erhebungsgebiet:

      - nach den Vorschriften für Zölle (§ 7 Abs. 1 MinöStG)

Entrichtung:

- durch den Steuerschuldner in den beiden auf die Steuer-
  entstehung folgenden Monaten gem. § 6 Abs.1 MinöStG bzw.
  nach den entsprechenden Zollvorschriften